LE JEUNE HOMME DE CRO-MAGNON

Cet ouvrage a été réalisé par les éditions Milan,
avec la collaboration de Claire Debout et Ingrid Pelletier.
Mise en pages : Graphicat

300, rue Léon-Joulin, 31101 Toulouse Cedex 9, France
Loi 49-956 du 16 juillet 1949
sur les publications destinées à la jeunesse

ISBN : 978-2-7459-6277-5

www.editionsmilan.com

RÉMI CHAURAND

LE JEUNE HOMME DE CRO-MAGNON

MILAN

Wounga Grrrr fabi humpf.
Harrh brrrrrrr lou waga
Breké lahounga tom.
R. C.

PRÉAMBULE

Ah, c'est sûr, l'histoire que vous allez lire va vous surprendre. Vous allez vous dire : « OK, tout ça c'est rien que des inventions, des bêtises. C'est carrément impossible. » Je sais, ça paraît complètement dingue mais croyez-moi, je suis le premier étonné par toute cette affaire. Je vous explique : je suis un homme de Cro-Magnon, c'est-à-dire que je suis un homme… enfin un jeune homme… préhistorique (j'ai 11 ans).

Voilà, je vous l'avais bien dit, vous avez envie de fermer ce livre, vous n'y croyez pas. Je sais, ça vous paraît IM-PO-SSI-BLE, et pourtant, je sais écrire, lire et compter aussi. Je suis né comme ça, j'ai rien appris, c'est naturel.

Alors je me suis dit que je devais raconter ma vie de jeune homme de Cro-Magnon pour que, plus tard, on sache comment c'était, la vie des jeunes hommes de Cro-Magnon. J'écris sur les parois d'une grotte secrète, j'espère que si quelqu'un découvre tout ça, ça servira de témoignage. Même si parfois je me décourage, je me dis souvent que c'est important.

Je me suis trouvé une petite grotte discrète, isolée. Quelqu'un la découvrira bien un jour, non ?

Je vous préviens, à notre époque, nous n'avons pas toujours un nom, on s'appelle par des gestes, des grognements, ou alors on jette une petite caillasse sur la tête de celui dont on veut attirer l'attention. Et ça, ça marche très bien. Donc, j'ai été obligé d'inventer certains noms qui me plaisent assez, mais je ne sais pas s'ils vont traverser les siècles... Voilà, bon, comme c'est assez fatigant de gratter les murs de cette caverne, je commence tout de suite à vous raconter...

RÉVOLUTION N° 1
LE FEU

CHAPITRE 1

Il faut d'abord que je vous dise un truc. Manger, pour nous qui vivons à la préhistoire, c'est la chose la plus importante au monde. On passe toutes nos journées à manger, à chercher à manger, à se bagarrer pour manger, à chasser à manger, à préparer à manger, à parler de manger, à rêver qu'on mange. De toute façon, on ne sait presque rien faire d'autre. Parfois on va espionner les tribus voisines pour voir si elles n'auraient pas découvert un nouveau truc à manger, mais c'est souvent non. On dirait qu'on est des animaux.

À fouiner sans arrêt pour trouver de nouveaux trucs à manger, on tombe parfois sur un nouveau truc qui a l'air mangeable. Dans ce cas, bien que nous soyons des brutes épaisses, nous avons des règles à respecter. On ne rigole pas avec la nourriture. La gestion de la nourriture demande un protocole sérieux. Pourtant, on sait rigoler, c'est d'ailleurs ce qui nous différencie des animaux. Mais question nourriture, la loi, c'est la loi, celui qui rigole avec la nourriture se prend deux gifles.

Voici les règles que nous devons AB-SO-LU-MENT suivre en cas de découverte de quelque-chose-de-nouveauqui-a-l'air-mangeable. Michel-Genou est chargé par notre chef de répéter ces règles. Il a tout appris par cœur (il a mis six mois pour y arriver) et récite quand on le lui demande. Ça donne à peu près ceci :

– MICHEL-GEEEENOU ! Carotte vient de trouver un truc-qui-a-l'air-mangeable ! Amène-toi vite ici !

Et Michel-Genou arrive en courant et récite les règles :

– Règle nº 1 : Interdiction absolue de toucher tant que le chef n'est pas là.

– Règle nº 2 : Il faut O-BLI-GA-TOI-RE-MENT annoncer la découverte du truc-qui-a-l'air-mangeable au chef.

– Règle nº 3 : Le découvreur du truc-qui-a-l'air-mangeable doit goûter lui-même sa découverte.

Et là, trois solutions :

1– Le découvreur courageux meurt parce que c'était du poison.

2– Il vomit sur Michel-Genou ou un autre (sans faire exprès).

3– Il adore parce que c'est rudement bon (comme les fraises, par exemple) et qu'on n'avait pas encore découvert qu'il y avait des fraises et qu'on n'avait pas encore découvert que ça se mange et qu'on n'avait pas encore découvert que c'est rudement bon.

– Règle nº 4 : Si ça se mange sans vomir, le découvreur donne son nom à sa découverte. C'est donc comme ça que Carotte a découvert les carottes, Framboise les framboises, Menthe la menthe, Lapin le lapin et Radis-au-Beurre les radis (sans beurre).

Quelquefois aussi, celui qui goûte ne meurt pas, ne vomit pas, mais il ne trouve pas ça bon. Il hausse les épaules, se demande s'il va avoir mal au ventre, jette le truc et on s'arrête là. C'est dommage parce que parfois, il suffirait de mélanger les trucs entre eux. Mais bon, on vient juste d'apprendre à marcher sur nos jambes, alors il ne faut pas trop nous en demander. Et puis vous verrez plus tard, c'est une surprise.

Quand l'un de nous découvre un super-bon-truc-à-manger, je ne vous raconte pas les scènes complètement dingues qui s'ensuivent.

Certains d'entre nous, très souvent complètement affamés, découvrent partout des trucs potentiellement mangeables pour donner leur nom à leur découverte. Ils hurlent de joie et courent à perdre haleine chercher Michel-Genou et le chef pour validation. Notre chef doit donc aller et venir plusieurs fois par jour pour valider ou non les découvertes. Mais à force de tout tester, les plus gourmands se sont un peu calmés parce que les cailloux, la terre, les hérissons vivants, les arbres, les feuilles, les crottes d'animaux, les rochers, les copains, les ronces, la boue… tout ne se mange pas forcément. Et on se lasse un peu, surtout le chef.

Donc pendant longtemps, on s'est servis des pommes de terre pour jouer au hand-ball ou pour chasser les tigres et les lions qui avaient l'envie soudaine de manger de l'homme préhistorique. Parfois l'été, on se les lançait dessus entre nous, juste pour remplacer les boules de neige, qu'on trouve difficilement en été, y a plus de saisons.

Voilà, notre problème, c'est qu'on a un tout petit cerveau et pas beaucoup d'idées. Et JUSTEMENT, c'est ça qui nous manquait, UNE IDÉE. Une belle idée lumineuse, pour améliorer notre nourriture. Un truc de dingue qui pourrait transformer notre façon de manger et peut-être même plus que ça. Bon, je vous le dis maintenant, c'est la surprise dont je parlais au début, mais il faut lire le chapitre 2.

CHAPITRE 2

Notre vie d'hommes de Cro-Magnon se déroulait donc sans grandes nouveautés, et à part quelques parties de chasse et quelques bagarres mémorables, nous vivions tranquillement au chaud l'été, au froid l'hiver. Quand on avait faim, on mangeait – ou on essayait de trouver à manger. Quand on était fatigués, on dormait. Quand on voulait rigoler, on rigolait. La vie était simple, tranquille, simple. À force d'être simple d'ailleurs, notre vie finissait par être un tout petit peu monotone.

Et puis un jour, quand même, on a fait une grosse découverte. Un truc de dingue. Une découverte qui allait changer l'humanité, la face du monde, et presque l'ordre des planètes. Un truc énorme : LE FEU, tout simplement.

Je ne sais pas si c'est clair pour tout le monde, mais il faut bien comprendre qu'avant la découverte du feu, on n'avait pas encore découvert le feu. On peut difficilement se mettre dans la tête ce que pouvait être la vie sans le feu. Les aliments pas cuits, le froid, les grottes sombres, c'est difficile à imaginer… Faites un effort, merci.

Pour la découverte, on a bien rigolé. Je vous raconte. Le feu est arrivé dans notre tribu comme ça, pendant un énorme orage. On dormait presque normalement, complètement frigorifiés, complètement mouillés, puisque les portes, les murs, les fenêtres qui ferment, les paillassons ont été inventés très longtemps après nous. Bref, nous dormions en tas comme les animaux quand soudain, TCHIAAAAAAAAAARK! dans un craquement terrible, la foudre est tombée sur un pommier, devant la grotte, et y a mis le feu. (Bien sûr, vous aurez compris que c'est Pomme qui chez nous avait découvert les pommes.) (Et c'est Pomme et Deterre qui ont découvert ensemble les pommes de terre alors on les a appelées pommes de terre pour ne fâcher personne.)

Notre pommier en feu, c'était un truc incroyable, magique, du jamais-vu. Un spectacle extraordinaire! On est restés là, bouche bée, à regarder sans rien faire. On a regardé, regardé pendant un sacré bout de temps sans oser approcher. Certains ne disaient rien, d'autres poussaient des grognements, quelques-uns pleuraient, Michel-Genou en a même vomi, tellement l'émotion était forte.

Et puis, Jean-Goût, volontaire désigné par notre chef, est sorti de notre grotte et s'est approché du truc. Il a ramassé une pomme tombée de l'arbre (heureusement pas trop chaude), et a goûté. Il avait l'air d'aimer parce qu'il s'est mis à courir partout en disant d'énormes gros mots. Notre Jean-Goût venait de découvrir que les pommes chaudes c'est bon comme les pommes froides, mais c'est encore meilleur. Bon, d'accord, c'est pas une grande découverte. On avait déjà découvert les pommes froides, alors les pommes chaudes étaient une amélioration, pas une découverte.

Une fois que Jean-Goût a arrêté de hurler, notre chef a fait comprendre que l'un de nous – au hasard André-Yvon – devait lui rapporter un peu de ce truc orange et rouge et jaune qui bougeait sans arrêt, qui cuisait nos pommes et qu'on n'avait encore jamais vu. Le feu, quoi…

André-Yvon, qui n'a quasiment pas de cerveau, y est allé de bon cœur, persuadé de faire une bonne découverte, comme Jean-Goût avec ses pommes cuites. Il a couru vers le pommier en feu, saisi une branche enflammée, l'a lâchée aussitôt, s'est mis à pleurer, hurler, baver, courir partout en se tenant une main rouge et fumante avec l'autre main normale. Bref, en quelques secondes, nous avons donc fait deux découvertes : le feu ET le feu ça brûle.

Alors ça, c'était une vraie révolution. Un truc qui allait tout bouleverser, un truc qui allait nous occuper du matin au soir et du soir au matin, un truc vraiment formidable. Grâce à André-Yvon, on savait que ça pouvait faire mal, alors les copains de Cro-Magnon l'ont appelé le « OUTCHE », mais moi je l'ai appelé le FEU, comme tout le monde.

Bien sûr, si vous lisez ces lignes, vous devez rigoler doucement dans votre barbe, mais essayez une minute de vous mettre à notre place. Nous, on partait de rien, hein ! Bref, le goût des pommes cuites que nous venions de découvrir et que tout le monde adorait maintenant était une pure merveille. Le bruit que nous faisions en mangeant était plus fort que les hurlements d'André-Yvon. Jean-Goût a d'ailleurs essayé de lui mordre la main, pour voir si le feu avait donné bon goût à sa main comme il avait donné bon goût aux pommes. C'était une bonne idée mais André-Yvon, notre brûlé, a écrasé sa main non cuite dans la figure de Jean-Goût qui s'est mis à saigner du nez abondamment. Il lui a donc collé une mornifle avant de recevoir en retour une chifarnasse atomique. Ils s'exprimaient.

Quand tout le monde a été rassasié de pommes cuites, il a fallu réfléchir à la suite des évènements. C'est l'estomac de notre chef qui a parlé : puisque le feu donnait bon goût aux pommes, il fallait le garder avec nous et le surveiller, comme le lait sur le feu.

CHAPITRE 3

Plusieurs d'entre nous ont essayé de faire durer cette belle et grande révolution. Bien sûr, il y a eu quelques brûlures, suite à la découverte des braises, des cendres, des flammes et de la fumée qui pique les yeux. Au bout d'un certain temps, un courageux plus courageux que les autres (et surtout légèrement idiot) a isolé une branche qui portait une magnifique flamme. Tout content de posséder son feu personnel, il nous a regardés avec un sourire narquois, l'air de dire : tu vois ce que j'ai, hein !?

Mais la flamme qui dévorait petit à petit la branche, se rapprochait dangereusement de la main de notre idiot qui, au lieu de se débarrasser rapidement du danger, a fait le fier pour ne pas perdre la face devant ceux qu'il avait nargués…

Bref, hurlements, pleurs, râles, hurlements, bagarre et pleurs.

Une bonne heure d'observation de notre pommier en feu m'a fait comprendre que tant qu'il y a de l'arbre, il y a du feu. J'ai expliqué ça au chef qui, au bout de deux bonnes heures, veut bien l'admettre sans rien y comprendre. On va donc chercher du bois pour alimenter notre nouvelle découverte.

Puisque j'ai bien compris le outche, le chef me désigne : « chef de outche ». Moi je lui propose : « responsable feu », mais lui, il dit « chef de outche ». Mais moi je dis quand même : « responsable feu ». Il finit par accepter et m'offre en plus les services de deux parfaits idiots tout à fait dévoués.

Sans trop de problèmes, je réussis à garder le feu au chaud devant notre grotte. Je donne des ordres aux autres et ils me rapportent du bois. C'est facile pour eux : il y en a partout, puisque personne n'a eu l'idée de le brûler avant nous… J'instaure des tours de garde avec mes deux crétins. Ils sont extrêmement fiers de leur nouvelle attribution. Ils attendent au garde-à-vous devant mon feu.

Mes deux valeureux idiots ramasseurs de bois partent en cinq dixièmes de seconde me chercher du bois dès que je me racle la gorge, chacun des deux voulant être celui qui m'en rapportera le premier. Une véritable rivalité s'est installée entre eux et bien souvent, le bois qu'ils rapportent leur sert de massue et ils se caressent mutuellement le crâne avec. Je les sépare, je les menace de les priver de pommes chaudes, et je récupère mon bois. Ils ont légèrement honte puis ils se remettent au garde-à-vous.

Grosse découverte donc, mais petite révolution au début. Les pommes chaudes c'est bon, c'est agréable, mais on se lasse un peu quand même.

CHAPITRE 4

Nous avons vite remarqué, et avec joie, que la nuit, le feu se voit bien et qu'en plus il éclaire autour de lui, et même assez loin autour de lui.

Jusqu'alors, beaucoup d'entre nous étaient persuadés que la nuit, on ne voyait rien parce que tout disparaissait et qu'au petit matin, quelque force obscure remettait tout en place : les cailloux, les arbres, les herbes, les animaux, les rivières et les montagnes. Le feu a fait disparaître quelques idées reçues. On s'est aperçus qu'il suffisait d'éclairer la nuit pour que les choses se voient, et qu'en fait rien ne disparaissait réellement. Cette découverte fit réfléchir bon nombre d'entre nous, qui trouvaient que finalement la vie n'était pas si mystérieuse que ça.

Mais cette découverte du pouvoir éclairant du feu a eu aussi pour effet de fatiguer toute la tribu. Explication : avant, dès le coucher du soleil, tout le monde rentrait dans la grotte en trottinant parce que la nuit c'est dangereux et ça fait un petit peu drôlement peur. Tout ça parce que quand la nuit tombe, d'après certains trouillards de la tribu, on ne peut pas faire la différence entre une tortue et un tigre, ou entre un lapin et un crocodile. Et même les visiteurs des autres tribus qui venaient pour affaires, et qui se faisaient surprendre par la nuit, demandaient l'hospitalité de peur de devoir rentrer chez eux à pied dans le noir avec tous ces trucs qui disparaissent, là…

Donc, depuis que nous avions le feu, nous nous couchions bien plus tard que le soleil. Nous nous sommes mis à inventer des jeux auxquels nous jouions tous ensemble le soir : les ombres chinoises, la marelle de nuit, la chandelle et 1, 2, 3, lune (c'est comme 1, 2, 3, soleil mais ça se joue la nuit).

Certains jouaient au jeu des métiers. Mais à part chasseur, chef de tribu et « chef de outche », on n'avait pas d'autres métiers, alors les parties étaient très courtes et pas drôles. Le jeu que nous préférions tous était le jeu des ombres. On passait des heures à essayer de reconnaître les formes que nous projetions sur les murs de notre caverne en mimant des trucs. On a appelé ce jeu le Mythe de la caverne. Au début, on n'arrivait pas bien à deviner. Et puis on est devenus super bons et on a réussi à imiter magnifiquement des trucs comme la neige qui tombe, la glace qui fond, les pommes qui cuisent ou un coucher de soleil.

Notre chef, lui, rassemblait les enfants de la tribu autour de lui et leur racontait des parties de chasse terribles en faisant de grands gestes. Les enfants ne savaient pas que le chef n'était jamais allé à la chasse de sa vie. Le chef avait inventé un nouveau métier malgré tout : baby-sitter. Il gardait les enfants pendant que les parents jouaient ou dînaient chez des amis.

Toutes ces nouvelles activités nous ont donc privés de nos précieuses heures de sommeil habituelles, si bien que la tribu fut vite épuisée.

CHAPITRE 5

Ce sérieux manque de sommeil nous avait tous rendus un peu nerveux et irritables. Certains ont donc proposé de laisser le feu s'éteindre pour s'endormir plus tôt, comme avant. Mais ceux qui adoraient les pommes cuites et les soirées jeux ne voulaient pas en entendre parler. Les esprits s'échauffaient. Ceux qui en avaient marre des pommes trouvaient qu'à cause de la fatigue, plus personne ne rapportait de viande fraîche, ce qui était vrai. Les chasseurs, épuisés, étaient devenus incapables de courir après le buffle ou l'antilope. Et le buffle et l'antilope, qui n'avaient pas encore découvert le feu, se couchaient tôt et profitaient bien de leur sommeil.

Notre abruti de coq-réveille-matin, lui, endormi et réveillé avec le soleil, continuait à pousser sa chansonnette dès potron-minet.

Nous étions donc épuisés et pendant des mois, nous n'avons mangé que des pommes cuites. Persuadés que le feu ne servait qu'à cuire les pommes et à nous amuser le soir.

Pour nous tirer d'affaire, il y avait heureusement parmi nous des idiots, des imbéciles et des maladroits.

Un beau jour, vers midi, tandis que tout le monde se levait enfin (nous ne pouvions plus compter sur notre coq qui dormait dorénavant sous une caillasse de quarante-cinq kilos), le petit déjeuner s'est révélé un peu compliqué. Il restait une seule tranche de steak pour une petite cinquantaine de personnes. Alors comme tous les matins désormais, les « pour-le-outche » et les « contre-le-outche » ont commencé à se disputer. Et quand on a dix-huit mots à son vocabulaire, et que les dix-huit mots ont déjà été prononcés, on tape, on frappe, on cogne. C'est normal, tout le monde fait ça.

Donc bagarre générale, pour une pauvre tranche de steak que chacun voulait sous prétexte que c'était la dernière qu'il restait. Au cours de la bagarre, la tranche est passée de main en main. Il y a eu une mêlée, l'équipe des « pour-le-outche » a fait de jolies passes, les « contre-le-outche » sont même arrivés à aplatir la tranche dans le camp adverse mais l'arbitre a sifflé un hors-jeu. Un combattant s'est échappé de la défense adverse, le steak dans les mains, mais il s'est pris les pieds dans un caillou, a trébuché, s'est fait plaquer et a lâché la tranche de steak qui a fait un vol plané et est arrivée dans le feu que je tentais de protéger et dans lequel cuisaient… des pommes.

Et là… miracle de la technologie moderne… stupéfaction générale… en quelques secondes, une magnifique, merveilleuse, somptueuse odeur toute nouvelle s'est échappée de mon feu.

Immédiatement la bagarre s'est arrêtée, tout le monde s'est tourné vers moi, en reniflant bruyamment. Notre chef est passé devant tout le monde et a ordonné que je lui donne la tranche de steak. Je la lui ai apportée, plantée sur un bâton et encore fumante. L'odeur qui se dégageait de ce steak braisé aux pommes était sublime. Le chef a goûté, le chef a mangé, le chef a pleuré, le chef s'est évanoui.

Là, il faut que je vous explique un truc : le chef qui s'évanouit, c'est pas nouveau. Dès que le chef a une émotion, il s'évanouit. C'est une spécificité, il est le seul à faire ça et c'est justement grâce à ça qu'il est devenu chef. Tout le monde prenant cette spécificité pour une chose hors du commun, un truc de chef. Par exemple, pendant les inondations, les attaques d'animaux sauvages, les catastrophes naturelles, le chef s'écroule, il perd connaissance. Moi, je trouve ça moyen moyen comme réaction, mais les autres aiment ça. Ils trouvent que ça fait chef comme tout, et ils applaudissent.

Mais revenons au moment où notre chef venait de s'écrouler par terre. Donc, quelques instants plus tard, alors que tout le monde était en train de l'applaudir, notre chef s'est réveillé l'air absolument halluciné, hagard, tremblant ; il bavait. Il s'est léché les babines, dégoulinantes de jus de steak braisé aux pommes, et s'est évanoui une seconde fois. Tout le monde s'est remis à applaudir. À son deuxième réveil, il a essayé d'expliquer ce qu'il venait de ressentir. Mais comme personne ne connaissait cette sensation, notre chef s'est énervé et s'est embarqué dans d'incompréhensibles explications. Ça a duré une grosse demi-heure, avec de grands gestes et des cris. Et il a fini par ordonner à ses chasseurs d'aller chasser immédiatement de la viande. N'importe laquelle d'ailleurs, mais de la viande. À moi, il m'a demandé de faire gonfler un peu le feu en attendant le retour des chasseurs. Et puis, plus calme, il a expliqué à quel point ce qu'il venait de manger était bon, nouveau, sensas, fun, bigarré, affreusement tendance.

Les chasseurs sont rentrés avec un lapin, gros comme un lapin. Il a aussitôt été mis à cuire, avec des pommes. Oui, encore des pommes : c'est bien plus tard que nous nous sommes aperçus que la cuisson de viande-systématiquement-accompagnée-de-pommes n'était pas obligatoire. Au début, nos petits cerveaux ne le savaient pas, et tout ce qui était cuit l'était avec des pommes. Jusqu'au jour où la saison des pommes s'est terminée. On a d'abord eu peur d'être obligés d'attendre la saison suivante. Et puis on a quand même essayé sans pommes et on a trouvé ça pas mal. En tout cas, différent. Bref, c'est assez tard que nous avons découvert que le feu pouvait cuire d'autres choses que les pommes.

Du coup, vous vous en doutez : de peur de passer à côté d'autres découvertes, certains d'entre nous passaient leur temps à faire cuire n'importe quoi. Des cailloux, de la terre, des feuilles, leurs cheveux, et parfois la jambe d'un copain qui dormait, près du feu. Ça n'a rien donné de bon, sauf quelques bagarres mémorables et des indigestions notoires.

Le feu, c'est bon, nous l'avions découvert et plus ou moins apprivoisé.

Notre tribu, qui possédait un nombre remarquable d'idiots, nous a permis d'être encore une fois à la pointe de l'innovation alimentaire. Régulièrement, Lyophilisé se voyait confier la tâche pas trop trop compliquée de cuire la viande pour le groupe. Il fallait prendre les morceaux préparés, les planter sur un bâton, les passer au feu. Un peu, pas trop, les retourner, bref un truc pas complètement impossible à faire. Notre Lyophilisé avait probablement eu des ancêtres poisson rouge parce qu'il avait une mémoire absolument déplorable. Il était capable de dire bonsoir trente fois à la même personne le même soir, juste parce qu'il oubliait qu'il l'avait déjà saluée.

Très souvent, nous remarquions que Lyophilisé apportait à table beaucoup moins de morceaux que le nombre qui lui avait été confié. Nous mettions ça sur le compte de sa gourmandise, de quelques morceaux brûlés ou de quelques petits vols gourmands, rien de grave, la viande ne manquait pas à l'époque. C'est en observant Lyophilisé travailler que nous avons compris. En fait, il avait pour habitude de poser les morceaux de viande qu'il venait de cuire sur une étagère, juste au-dessus de son feu. Et puis évidemment il oubliait. Il n'apportait donc à table que les derniers morceaux qu'il venait de cuire. Les autres attendaient sagement sur leur étagère, dans la fumée du feu. Un jour donc, en faisant le ménage, l'un de nous a découvert un sacré trésor : un énorme tas de viande sec et oublié. Notre nettoyeur a failli mettre tout ça à la poubelle. Mais, curieux comme pas deux, il a décidé de goûter à un de ces vieux morceaux de cuir. Évidemment c'était un peu sec, un peu dur, ça passait entre les dents, c'était filandreux, c'était long à mâcher, c'était super rêche. Oui, oui, oui, mais le goût de la viande revenait petit à petit et malgré tout, ça remplissait le ventre. Bref, voilà comment Lyophilisé a inventé la viande lyophilisée.

Grâce à cette découverte, rapidement validée par le chef, nous pouvions emporter des morceaux de viande au fond d'un sac et partir explorer la région sans crainte de mourir de faim en chemin. Comme quoi il faut parfois faire confiance aux rêveurs, aux étourdis, aux maladroits.

Et voilà donc que notre feu pouvait cuire des trucs et conserver notre viande. On savait aussi qu'il pouvait nous éclairer. Il restait encore deux ou trois trucs à mettre au point…

CHAPITRE 6

Le outche-feu brûle quand on s'approche trop, mais le outche-feu réchauffe quand on ne s'approche pas trop.

Ça, c'était hyperfacile à comprendre. Et justement, comme tous les ans juste après l'automne, arrivait l'hiver. Et avec l'hiver, le vent glacé, le verglas, la neige, le gel, le nez qui coule, les cagoules, le froid. Vous comprendrez bien que tout à fait bizarrement ma popularité au sein de la tribu avait augmenté. En effet, les copains qui cherchaient un peu de chaleur étaient de plus en plus nombreux à vouloir rester à côté de moi le plus longtemps possible. Comme par hasard, j'avais soudain plein d'amis bourrés de bonnes intentions, pas très causants mais bien présents.

L'apprentissage de ce nouvel avantage du feu a fait perdre encore une fois toute sa superbe à la tribu, et notre organisation interne s'en est trouvée complètement déstabilisée. Au lieu de préparer l'hiver, de coudre de chauds vêtements, de faire des provisions ou de surveiller notre bétail, nous avons formé un grand cercle d'idiots autour de notre feu. Ceux qui étaient à l'extérieur du cercle avaient froid et râlaient contre ceux qui étaient au centre et donc bien au chaud. Mais l'affaire était réglée en quelques coups de poing, et les places finissaient par tourner. On aurait dit des manchots.

Ça devenait de plus en plus compliqué de se fournir en bois : personne ne voulait plus bouger de devant le outche. La viande aussi devenait rare, puisqu'il aurait fallu que quelques-uns aillent à la chasse pour en rapporter et la cuire.

C'est encore notre chef qui a trouvé la solution. Il a ordonné à deux volontaires désignés de se lever, de donner leurs peaux de bêtes à deux autres volontaires désignés pour aller chasser. Les deux tout nus ont eu le droit de se mettre au centre de notre cercle pour ne pas mourir de froid, pendant que les deux vachement bien habillés partaient faire les courses.

En bons camarades, ils ont pris les commandes de ceux qui sont alors restés autour du outche. La commande était de : 13 lapins, 17 bœufs musqués, 7 bisons et 4 girafes, ça n'était pas très sérieux mais ça a occupé tout le monde et les yeux se sont mis à briller à l'évocation de toute cette viande qui pourrait arriver.

Au retour de nos deux valeureux volontaires avec un demi-caribou, la tribu a repris un peu de forces. Certains ont même joué à la marelle, en mâchonnant du caribou cuit.

Ragaillardi, le chef a envoyé d'autres chasseurs braver le froid. Et du coup, on a pu fabriquer de nouveaux habits, on a cuit, on a approvisionné. Bref, la tribu a repris des couleurs.

CHAPITRE 7

Notre nouvelle vie devenait rudement intéressante et ce nouveau confort nous donnait des idées. Décidément, le feu nous inspirait. Mais le progrès est parfois bien difficile à maîtriser. Un beau matin glacial, l'un de nous a eu l'idée de faire entrer le feu à l'intérieur de la grotte, pour ne plus avoir froid la nuit. Tout simplement. C'était une bonne idée, mais complètement idiote. Jusque-là, le feu était toujours resté dehors, et c'est vrai qu'il ne réchauffait pas vraiment nos nuits glaciales. Nous avons donc fait un tas de bois au fond de la grotte, puis nous y avons mis le feu. En quelques minutes, une énorme fumée opaque et suffocante avait envahi toute la grotte. Et à l'odeur, nous avons vite compris que quelque chose était en train de brûler. Nos étagères, nos couches, des os, notre nourriture, nos armes, des peaux de bêtes, des cailloux et encore des os, voilà ce qui brûlait. Des dizaines de rats, de souris, d'insectes de toutes tailles sortaient en trombe. On croyait presque les entendre jurer en toussant.

L'un de nous, ravi du spectacle, dit tout fort :

– Ah ouais ! C'est trop beau, hein ! Eh ben, mon vieux, si Pépé voyait ça ! Ça crame bien, hein ! Eh mais… mais… mais… Pépéééééééééé !

Aïe, nous avions oublié Pépé, un des vieux sage de la tribu, au fond de la grotte ! Il était légèrement indisposé par une indigestion aux pommes cuites, et se reposait sur sa paillasse. Deux volontaires désignés ont foncé dans la grotte. Ils sont entrés dans la fumée, ont crié des gros mots ignobles, se sont cognés partout, ont toussé, hurlé. Mais les deux vaillants soldats du feu sont ressortis au bout de dix minutes, tout suffocants et blêmes, toussant, crachant mais sans Pépé.

Pépé n'était pas au fond de la grotte. Pépé arrivait derrière la foule en réajustant sa peau de bête. Pépé revenait des toilettes, Pépé avait mal au ventre, Pépé avait la colique, Pépé s'était donc absenté au moment où nous avions allumé notre nouveau chauffage central. Pépé allait bien, à part le ventre, et rigolait bien en voyant nos mines déconfites.

Certes, la grotte avait été parfaitement débarrassée de tous ses parasites, nuisibles, microbes, bactéries, virus. Mais après avoir été un véritable brasier, elle se refroidissait bien trop vite. L'idée était bonne mais on ne pouvait pas habiter là où il y avait du feu. Le principal et unique problème était la fumée.

Il fallait trouver un truc pour qu'elle s'échappe. Bien sûr, nous avons réessayé plusieurs fois avec sensiblement le même résultat. On est un peu idiots et il nous faut parfois faire dix fois la même bêtise pour comprendre que c'en est une…

Ensuite, nous avons essayé de diriger la fumée vers l'extérieur de la grotte à l'aide d'un astucieux enchevêtrement de troncs d'arbres creux, mais sans aucun succès. Tout s'est écroulé et a pris feu.

À force de recherches, nous avons pensé au trou, dans le plafond de notre grotte. Ce trou nous servait à savoir s'il faisait jour, s'il pleuvait, s'il neigeait, et tout ça sans sortir de chez nous. Tout le confort moderne sans quitter son lit.

Nous avons remarqué que si on plaçait notre feu exactement sous le trou, la fumée montait en colonne, passait par le trou puis disparaissait sans asphyxier personne. En plus des pouvoirs de cuisson et d'éclairage du feu, nous en appréciions désormais fortement l'aspect chauffage central…

CHAPITRE 8

L'arrivée du feu avait donc profondément perturbé, mais en bien, la bonne marche de notre tribu. Bien sûr, ce confort a été parfaitement maîtrisé au prix de quelques accidents corporels bien vite oubliés. Kévin-Planche, un de nos chasseurs, gentil, costaud, rigolard et qui possédait le plus petit cerveau du règne animal, en est le meilleur exemple. Kévin-Planche donc, furieux chasseur le jour, adorait avoir chaud la nuit. Il a fallu qu'il prenne feu cinq fois avant de comprendre qu'il ne devait pas dormir si près du feu. À chaque fois, des copains réveillés par ses hurlements l'attrapaient et le jetaient dans la rivière en contrebas de notre grotte. À chaque fois, Kévin-Planche sortait de l'eau en courant, se ruait sur sa massue et commençait à se battre avec le feu en hurlant des insultes et en soulevant un énorme nuage de cendre qui recouvrait tout. Ensuite, Kévin-Planche passait une bonne partie de la nuit à tout nettoyer. Puis Kévin-Planche a enfin compris qu'il ne serait jamais plus fort que le feu, il s'est calmé et a déplacé sa couche en maugréant.

L'agitation des débuts a vite été remplacée par une bonne dose d'organisation et tout s'est remis en place. La tribu retrouvait tranquillement des horaires normaux. Un bon équilibre entre les soirées de veille et une durée de sommeil convenable ravissait tout le monde.

Attention, ce n'était pas la révolution industrielle ! Nous sommes des hommes de Cro-Magnon, dans l'ensemble complètement idiots et pas bien malins. Et c'est avec cette légère débilité, nos instincts animaux et nos réflexes de brutes qu'il nous faut nous débrouiller. Lorsque nous désirons quelque chose, nous le prenons, sans nous encombrer de savoir si cette chose appartient déjà à quelqu'un ou pas, et nous sommes prêts à nous battre pour en conserver la propriété. C'est ce qui s'est passé avec le outche.

Notre tribu avait très bonne réputation et la nouvelle n'a pas tardé à se répandre parmi les tribus voisines. Notre campement venait de recevoir sa troisième étoile du *Guide des campements et cavernes de Cro-Magnon*. Et, comme par enchantement, un nombre incalculable de nos voisins a soudain éprouvé le besoin irrésistible de passer nous voir exactement à l'heure des repas…

Bien sûr, il fallait accueillir tout le monde. Nous vivons comme des bêtes mais avec un sens aigu de l'hospitalité entre femmes et hommes de Cro-Magnon. Le seul ennemi de l'homme, à l'époque, était l'animal sauvage. Il ne nous serait jamais venu à l'idée de nous battre à mort entre nous. Je ne parle pas des bagarres. Les bagarres sont indispensables et salutaires pour la bonne marche d'une tribu. Les bagarres, c'est notre sport, c'est jamais méchant et ça se termine toujours par un conflit réglé et une bonne partie de rigolade. Chez nous, même les mémés aiment la castagne. L'homme de notre époque ne se battait donc jamais vraiment contre l'un de ses semblables.

Comme nous ne possédions rien ou presque, nous n'étions jamais jaloux les uns des autres. Sauf, sauf… sauf, évidemment, le jour où nous avons découvert le feu, et que nous avons été les seuls à le posséder à des kilomètres à la ronde. Comme je vous le disais, la nouvelle de notre vie confortable avait fait le tour de la région et beaucoup ont commencé à ressentir un curieux petit picotement dans la poitrine, une envie irrésistible de se renseigner sur notre bonheur. Un petit début de mauvaise pensée qu'on chasse d'un revers de la main mais qui revient quand on ne s'y attend plus et qui gratte au fond de l'envie. C'était la découverte de ce que j'ai envie d'appeler la jalousie.

Nous avons donc été obligés de défendre un peu notre territoire. Nous ne pouvions pas faire restaurant pour toute la plaine. Les « invités » se faisaient de plus en plus nombreux et nous n'avions pas les moyens de tous les nourrir. On maîtrisait à peine le feu, alors gérer un restaurant, c'était mission impossible. Au début nous avons essayé de changer en douce l'heure de nos repas, mais les infos circulaient vite et il y avait toujours autant de monde.

CHAPITRE 9

C'est alors qu'est survenu un évènement pas très glorieux pour l'humanité naissante que nous représentions. Un tout petit moment assez vite passé mais dont personne n'est fier. J'ai bien réfléchi et j'ai décidé de tout raconter ici, le pire comme le meilleur. J'espère qu'en suivant notre exemple les hommes du futur ne feront pas les mêmes erreurs que nous.

Nos voisins, donc, jaloux comme des teignes, voulaient notre feu. Nous, on ne voulait pas le leur donner. Nous avions fait les frais de la découverte, il n'y avait aucune raison que d'autres en profitent à notre place. C'est complètement idiot, d'accord, mais c'est comme ça. Toutes les brûlures, les bosses, les diarrhées, les bagarres dues au feu avaient fait de nous une petite bande de rancuniers pas prêteurs pour deux sous.

Et ce qui devait arriver arriva. À force de nous tourner autour, on a essayé de nous voler notre feu. Au début, je laissais faire en rigolant les quelques idiots débutants qui s'en approchaient. Trente secondes plus tard, mon voleur se mettait inévitablement à courir partout en hurlant et en se tenant la main brûlée dans la main pas brûlée.

Mais petit à petit, et à force d'observation, les voleurs se faisaient de plus en plus dangereux. J'ai prévenu notre chef, qui a ordonné à cinq de nos meilleurs chasseurs de protéger notre feu. La tension montait, et un sentiment bizarre commençait à nous envahir. Nous ne voulions pas nous laisser déposséder de notre découverte et nous étions prêts à nous battre pour en conserver l'exclusivité.

Sans nous en rendre compte, nous nous préparions comme pour un départ à la chasse. La tension enflait jour après jour.

Un triste matin, la tribu voisine, d'habitude si aimable, si cordiale, a rassemblé tous ses chasseurs en armes et ils se sont approchés, comme si nous n'étions qu'un troupeau de zèbres. Ils avaient l'air bizarre, ils avaient faim, vraiment très faim, une faim terrible, une faim qui faisait peur à voir.

Nos chasseurs à nous, prévenus, attendaient les chasseurs d'en face, les armes à la main. On était habités par une sensation plutôt réservée à la chasse, quand on craint pour sa vie et qu'il vaut mieux tuer que se faire tuer.

Les troupes d'en face avançaient en ligne, en grognant pour se donner du courage. Nos chasseurs faisaient de même et nous allions tout droit vers un véritable massacre. Les deux armées se trouvaient à quelques mètres l'une de l'autre, quand elles ont stoppé net. Les chefs des deux tribus, deux très bons copains d'habitude, se regardaient avec de petits yeux méchants comme tout. Les bagarres, ils connaissaient, mais là c'était différent…

Le chef du village d'en face a demandé le feu et il a précisé que si on ne le lui donnait pas immédiatement, il demanderait à ses chasseurs de nous coller une dérouillée et de nous le prendre de force. Notre chef a répondu qu'il pouvait toujours se gratter et qu'il n'aurait jamais notre feu, et qu'il faudrait nous passer dessus et tous nous tuer pour l'avoir.

Répondre ainsi n'était pas une bonne idée.

Les deux chefs ont reculé pour se ranger parmi leurs chasseurs. (Sauf notre chef à nous qui a reculé encore plus loin pour se cacher derrière ses chasseurs.) Puis il s'est passé une longue minute, pendant laquelle tous les chasseurs se sont dévisagés atrocement, retroussant les babines, certains grattant même le sol avec le pied, d'autres grognant… Et puis un cri terrible, un cri épouvantable, a jailli de la gorge de tous ces pauvres hommes qui allaient se sacrifier pour ce fichu feu.

Mais, au moment où le pire allait arriver, un miracle s'est produit.

Le petit Jean-Fraîche, un jeune gars de notre tribu, s'est glissé entre les deux premières lignes des chasseurs. Il tenait à la main une grosse branche enflammée. Il s'est tourné vers le chef adverse et lui a tendu sa branche en disant :

– Tiens, prends, rentre chez toi et invite-nous à manger un de ces jours.

Évidemment, ce fut la stupéfaction générale. Personne n'avait pensé qu'on pouvait donner du feu sans perdre le sien. Personne n'avait pensé à partager tout simplement, ce feu qui se partage si simplement. Il avait fallu qu'un petit gars nous montre l'exemple.

Un énorme sentiment de honte s'est abattu sur les deux tribus entières… Tout le monde a baissé la tête, tout le monde est rentré chez lui. Pendant quelque temps, nous n'osions plus vraiment nous regarder entre nous… Et puis… un jour,

Marc-Neuf, un chasseur de la tribu d'en face, est venu nous inviter à une sorte de buffet campagnard de la réconciliation, un grand bal en l'honneur de notre amitié. Bien sûr nous avons accepté, tout contents de retrouver les copains d'en face, de pouvoir rigoler tous ensemble, bref d'oublier l'épisode dont personne n'était fier… sauf Jean-Fraîche.

Il se trouva que quand nous sommes arrivés chez eux en habits du dimanche, les apprentis cuisiniers d'en face avaient presque tout fait cramer : le feu, ils ne le maîtrisaient pas encore tout à fait… Nous avons bien rigolé tous ensemble, puis notre chef a invité toute la tribu à venir chez nous. Bref, nous avons emporté ce qui n'était pas encore brûlé, et les deux tribus se sont retrouvées chez nous. Nous avons appris aux copains comment s'occuper du feu, comment faire cuire les aliments, les accommoder avec ou sans pommes… et nous avons fêté nos retrouvailles en grande pompe.

Et pendant de très nombreuses années, au lieu de penser à nous battre, nous avons passé notre temps à nous échanger des recettes, et à parler des bienfaits du chauffage central, ou de l'éclairage. Pourvu que ça dure, il n'y a pas de raison. Jusqu'à ce qu'une nouvelle révolution vienne mettre la pagaille…

RÉVOLUTION N° 2
LA MODE

CHAPITRE 1

Avec la découverte du feu, notre tribu avait passé un sacré cap. Tout allait pour le mieux du monde, nous avions chaud quand il faisait froid et nous mangions de bons petits plats cuisinés quand nous avions faim. Il n'y avait que le gibier qui n'était pas vraiment super content.

Restaurant a commencé à inviter tout le monde chez lui. Il disait qu'il aimait bien ça. Il a raison, c'est pas idiot comme idée.

C'est à cette époque qu'un petit vent de folie a commencé à souffler parmi nous. La nourriture cuite étant bien meilleure que la crue, nous avons chassé et mangé davantage. Notre stock de peaux de bêtes a grossi d'une drôle de façon. Avant, nous avions tout juste assez de peaux pour nous « habiller » et faire quelques couvertures. Mais maintenant, ça débordait de partout. Les étagères que j'avais installées dans la grotte principale étaient pleines, nous avons dû faire des tas par terre.

C'est là que Manche et Pantalon se sont senti pousser des idées. Et encore une fois on a bien rigolé.

Je vous explique : pour avoir chaud, le feu, c'est un rien chouette, vous avez compris. Mais comment faire pour rester au chaud quand on s'en éloigne ? Bien sûr le plus simple c'est de prendre un bâton enflammé quand on sort, pour aller chercher du bois par exemple. Mais sur le chemin du retour, celui qui rentre avec un fagot de bois et un bâton de feu dans la main risque d'enflammer son fagot. Et bien sûr, ce pauvre bougre n'a plus qu'à inventer des gros mots en sautant dans la rivière la plus proche pour éteindre le feu qui dévore ses vêtements. On ne peut pas non plus chasser avec un bâton enflammé dans la main, ça, pas la peine que je vous explique pourquoi, hein ! Parce que pour se faire remarquer, il n'y a pas mieux. Bref, le feu ne pouvant se transporter facilement, il fallait imaginer autre chose pour se protéger du froid.

Nous avons donc mis en place une procédure pour essayer d'améliorer nos « habits ».

Jusque-là, pour se faire un vêtement, c'était très simple, il fallait :

1– Tuer une bête qui fait à peu près sa propre taille.

2– Faire sécher la peau de la bête qui fait à peu près sa propre taille.

3– Poser la peau de la bête qui fait à peu près sa propre taille sur son dos.

Alors OK, c'est pas compliqué, mais il y a souvent des trous partout (là où l'animal a reçu un coup de lance, par exemple) et jamais au bon endroit. Certains passent les bras dans les trous, mais ça les met dans des positions plutôt bizarres et parfois même dangereuses, quand les trous sont vraiment n'importe où.

Autre problème : les habits-peaux-de-bêtes, ça sent pas bon du tout. Parce que la plupart des animaux adorent se rouler dans… LA CROTTE. Super idée qui fait bien rire les animaux. Pour faire n'importe quoi, les animaux, ils s'y entendent. Mais nous, à cause de ces idiots, on sentait aussi la crotte. On se levait le matin en sentant la crotte, on passait la journée en sentant la crotte, et on se couchait dans des couvertures pleines de trous là où il ne fallait pas, en sentant la crotte. Et en plus, il fallait supporter pas mal de petits habitants comme des cafards, des puces, des araignées, des sauterelles, des criquets, des tiques, des mites, des mouches, des moustiques et des blattes. Et question froid, seul le dos est bien protégé, le ventre pas vraiment. Sauf si on attache un bout de liane pour retenir la peau de bête sur le ventre. Mais on n'y a pas pensé tout de suite. Dès qu'on se mettait à courir, tout tombait et c'était bien souvent qu'on se retrouvait légèrement déshabillé.

Bref, question « habits », c'était surtout chouette l'été. Une peau de lapin autour de la taille et hop, la belle vie ! Mais l'hiver, les grandes peaux posées sur le dos, ça gratte, ça pue la vieille chèvre et le phacochère, et contre le froid, ça ne suffit pas. Dès que la température extérieure baissait, on avait froid aux bras, aux mains, aux jambes, aux pieds, aux genoux, aux mollets, aux cuisses, aux fesses, à la tête. La meilleure solution était d'empiler les couches de peaux les unes sur les autres. Vous comprendrez bien que ce n'est pas très pratique. On ne peut pas faire tous les mouvements qu'on veut. Nous sortions donc très rarement de notre caverne bien chaude.

Hélas, trois fois hélas, même au plus froid de l'hiver, les chasseurs sont obligés de sortir. Nous leur donnions un maximum de peaux, pour qu'ils puissent affronter le froid et les bêtes sauvages. Nos valeureux guerriers étaient obligés de marcher à quatre pattes, tellement les peaux de bêtes sont lourdes… Vous pensez bien qu'il était impossible de courir avec tout ça. Il fallait donc s'approcher le plus près possible des proies en rampant. Puis, au dernier moment, se défaire rapidement de ce gros tas de peaux pour attaquer. Nos guerriers de la neige se retrouvaient alors complètement nus. Les pieds, les mains, tout le corps des chasseurs devenait aussitôt tout rouge, et se mettait à geler très rapidement.

L'attaque d'hiver devait durer très peu de temps sinon nos chasseurs mouraient de froid sur place. Et évidemment, les animaux sauvages, bien contents de trouver de la nourriture congelée à leurs pieds, n'avaient plus qu'à se servir et à emporter nos pauvres chasseurs pour les décongeler et les manger tranquillement plus tard.

Regarder ça de loin, assis devant l'entrée de notre grotte, près du feu en mangeant un délicieux crumble aux pommes bien chaud, c'était rigolo. Mais en vrai, pour les chasseurs, c'était quand même pas bien marrant.

Il fallait donc faire quelque chose pour remédier à ce problème.

CHAPITRE 2

La première vraie bonne idée, c'est notre camarade Manche qui l'a eue. Manche est un de nos fiers chasseurs, spécialisé dans le mammouth. Manche est même le meilleur chasseur de mammouth de la région, mais c'est aussi un dégoûtant personnage. Il ne change jamais de peau de bête. De toute la tribu, c'est lui qui sent le plus mauvais. Un jour, il a même fait vomir une famille de lapins en passant devant elle pour aller à la chasse. Son odeur est tout simplement insupportable. C'est pas vraiment agréable quand on est dans la couchette n° 24 et qu'il dort dans la couchette n° 25.

Mais pour chasser, alors là, c'est vraiment intéressant. Manche sent le bouc, le poney, le phacochère, le sanglier, le porc-épic, la vieille girafe et la crotte. Il peut donc s'approcher extrêmement près de n'importe quel animal sans jamais être repéré. Il n'y a que les bêtes au nez délicat, comme les lapins blancs ou les dauphins, qui trouvent que sentir aussi fort, ça exagère quand même.

Le samedi matin, chez nous, c'est chasse au mammouth. Manche est naturellement chef de groupe. Il a une technique très particulière, bien à lui. D'abord il repère son mammouth. Ce qui, entre nous, n'est pas très compliqué parce qu'il n'y a pas d'animal plus gros qu'un mammouth. Mais ce n'est pas dans le repérage que Manche est le meilleur, c'est dans la suite des opérations. Il s'approche donc du mammouth sans problème puisqu'il sent plus la crotte que l'homme ; il sent même plus la crotte que n'importe quoi sur cette terre.

Aucun animal ne se méfie puisque par définition, une crotte ça n'est pas dangereux. Même une crotte qui s'approche à quatre pattes. Mais les compagnons de Manche, qui suivent juste derrière, doivent, eux, se déplacer avec du persil dans le nez pour ne pas vomir.

Bref, quand Manche n'est plus qu'à quelques mètres de son mammouth, il se lève en hurlant comme un dérangé (en vrai, il EST dérangé) et fonce vers sa proie en brandissant sa lance. Surpris de voir une crotte attaquer, le mammouth a juste le temps de faire face, paniqué. Et c'est là que notre chasseur puant lui plante sa lance entre les deux yeux. Joli effet de Manche ! Ça fait un trou à coté des trous pour les yeux. Mais justement, comme on se sert de la peau de la tête des mammouths pour faire des passoires, entre nous, c'est drôlement pratique.

Ce fameux samedi matin, quelques mètres avant de planter sa lance entre les deux yeux du mammouth, Manche a trébuché sur une bûche qu'il n'avait pas vue, faisant un court vol plané. Dans sa chute, il a incroyablement passé son bras et sa lance dans la trompe du mammouth, le tuant sur le coup. Un truc de dingue. Tout le monde a bien rigolé. Il n'y aurait pas de trou pour la passoire mais c'était pas grave, on le ferait plus tard dans la caverne.

Les autres chasseurs se sont précipités pour apporter à Manche ses peaux de bêtes (je vous rappelle qu'il était tout nu). Puis on a essayé de l'aider à se relever et à sortir son bras de la trompe du mammouth, mais il était bloqué. Impossible de le retirer, il était complètement coincé. Tout le monde a encore bien rigolé. Manche, lui, était allongé à côté de son mammouth, le bras toujours dans la trompe. Très rapidement, toute la tribu a accouru pour voir ça. En trempant ses doigts dans la boue, Dessin a même commencé à recopier la scène sur une grosse écorce, pour la montrer aux autres. C'était pas mal. Il n'est pas idiot, Dessin, comme ça on peut garder une trace des évènements importants de la tribu, pour en parler plus tard ou pour les montrer à ceux qui n'étaient pas là.

Une demi-heure plus tard, le bras de Manche était toujours coincé et commençait à lui faire mal : tout le monde tirait dessus pour le faire sortir.

Au bout d'un long moment, plus personne ne rigolait et il commençait à faire froid et faim. C'est alors qu'un des chasseurs a décidé de couper la trompe du mammouth pour dégager le bras de Manche. Manche s'est retrouvé debout avec la trompe autour du bras. Il s'est regardé, il était trop fier de son trophée. Il a fait l'idiot avec, a tourné dans tous les sens, a imité le mammouth. Il a même fait peur aux petits en leur fonçant dessus avec la trompe en avant. Et puis à force de faire l'idiot et de manipuler sa trompe, il s'est rendu compte que… MAIS… OUO… OUAIS ! Pas mal, ce truc, pas mal du tout… En fait, c'est même absolument formidable !

Cette trompe autour du bras présente de vrais avantages.

1– Il n'a pas fallu longtemps à Manche pour s'apercevoir que sa trompe, là, ça tient chaud. Tout le monde s'est rhabillé et grelotte, mais Manche, lui, n'a pas froid du tout (pas froid à son bras-mammouth en tout cas).

2– Ensuite, ça donne un sacré style. Et c'est vrai que depuis qu'il a ce truc sur le bras, les filles regardent Manche différemment. Elles aiment bien les gars avec un petit truc en plus et là, on peut dire que Manche a un petit truc en plus par rapport aux autres, avec leurs bras tout nus, là.

3– Et puis on peut dire que ça protège. Parce qu'un de nos chiens, en voyant Manche, lui a sauté dessus croyant que Manche avait été avalé par un mammouth. Les chiens sont des idiots. Mais Manche n'a rien senti quand le chien lui a mordu le bras.

Bref, pour Manche, c'était la gloire. Il a montré sa découverte « ça tient chaud, ça donne un sacré style et puis ça protège » à tout le monde. Et tout le monde est rapidement tombé d'accord là-dessus.

Pendant plusieurs jours, Manche a donc été l'attraction de la tribu. Très vite, il est retourné chasser un autre mammouth, pour avoir une deuxième trompe et protéger son autre bras. Tout le monde a voulu cette nouvelle découverte ! Tout le monde adorait se balader avec les bras protégés comme ça.

Mais à l'usage, ces trompes bien pratiques avaient tendance à glisser des bras et à gêner les mouvements. Veste a rapidement eu l'idée d'attacher, avec quelques ficelles, les trompes aux peaux de bêtes qu'on avait sur le dos. Belle idée. On pouvait dorénavant porter une peau de bête sur le dos, puis passer les bras dans les trompes ! Une vraie réussite, merci Veste, merci Manche. Pour certains, il a fallu pas mal de temps et de grosses crises de nerfs pour apprendre à enfiler une veste calmement. Mais l'entraide allait bon train et tout le monde a su profiter de la nouvelle invention de Manche. Bien sûr on a fait appel au chef pour valider tout ça. Et le chef n'a pas attendu bien longtemps pour donner le nom de manche à l'invention de Manche, et le nom de veste à l'invention de Veste. Pas idiot le chef, hein ?

Une fois cette invention maîtrisée et appréciée de tous, il y a eu quelques idées nouvelles. Pour un confort maximal, les manches de Mammouth qui étaient recouvertes de poils épais étaient réservées à l'hiver. Et ces mêmes manches étaient rasées pour les saisons moins froides. Certains faisaient des revers au bout de leurs manches, d'autres les coupaient carrément pour les étés très chauds. C'est surtout Veste qui s'occupait des améliorations. Nous avons donc rapidement adopté les vestes d'hiver à manches longues et poilues et les vestes d'été à manches courtes et rasées.

Avec le haut du corps qui s'est réchauffé, les techniques de chasse d'hiver se sont un peu améliorées. Pour la chasse, nous étions en effet habillés en haut, et déshabillés en bas. C'était pas très beau à voir, et encore risqué par très grand froid. Il nous a quand même fallu pas mal de temps pour réaliser que ce qu'on avait inventé pour les bras pouvait aussi fonctionner pour les jambes.

C'est Pantalon qui a eu enfin l'idée d'attacher deux trompes ensemble pour les jambes. Je peux vous dire que grâce à lui, nous avions fière allure. Nous étions alors la seule tribu à porter vestes et pantalons en mammouth.

Il y avait ceux qui aimaient porter les trompes très longues, et ceux qui aimaient montrer leurs mollets avec des trompes plus courtes (ça c'est l'idée de Short). Partout, et pendant très longtemps dans notre tribu, la mode des pantalons trompe-de-mammouth a fait son petit effet.

Nos créations ont été copiées par toutes les tribus alentour. Nous avons fait une consommation de mammouths exceptionnelle. À notre époque, les mammouths à manche sont heureusement aussi nombreux que les lapins. J'espère qu'ils ne disparaîtront pas à cause de nous. Parce que vu le nombre de pantalons et de chemises que nous fabriquons, je ne serais pas étonné que cette espèce soit amenée à s'éteindre.

Mais à bien y réfléchir, ce qui m'inquiète le plus, c'est que si les mammouths venaient à disparaître, comment les hommes et les femmes qui vivront après nous feront pour s'habiller ? Il n'y a pas vraiment d'autres animaux qui peuvent faire des pantalons…

Bon, j'aime bien imaginer ce qui pourrait se passer dans très longtemps mais trêve de philosophie, revenons à nos mammouths.

Nos bras et nos jambes étaient donc protégés et réchauffés.

Il manquait seulement quelques améliorations à apporter pour les pieds et les mains qui restaient désespérément nus, froids et abîmés.

CHAPITRE 3

Cette fois-ci, c'est Godasse qui nous a sauvé la vie. Par chance, notre Godasse, qui est très gentil garçon, est un fieffé maladroit. Je dis par chance parce que c'est la maladresse de Godasse qui nous a bien aidés. Un matin au petit déjeuner, Godasse fait tomber son pot de miel par terre dans la cuisine de la caverne. Jusque-là, rien d'exceptionnel, le contraire aurait même été étonnant, vu que Godasse renverse tout ce qu'il touche.

Bref, en voulant nettoyer son miel avec les mains, Godasse finit par mettre les deux pieds dedans, allez savoir comment. Et, en à peine cinq minutes, Godasse s'en met plein les mains, plein les coudes, plein les bras, plein les jambes, plein les oreilles, les cheveux, plein partout en fait. Ça colle, c'est horrible. Plus il essaie de s'en défaire, plus ça colle. Et comme il n'arrive pas à s'en sortir tout seul, il décide d'aller chercher de l'aide. Dehors il gèle à pierre fendre. En sortant de la caverne, Godasse marche sur des peaux de lapin qui sèchent. Bien sûr, les peaux lui collent aux pieds, recouverts de miel. Godasse, toujours planté devant l'entrée de la grotte, ne sait pas comment s'en débarrasser, ça colle encore plus, c'est horrible. Il n'est pas bien fier de lui mais décide encore une fois d'aller chercher de l'aide.

En arrivant en plein jour et en regardant ses pieds recouverts de peaux de lapin, notre bon vieux Godasse se met soudain à hurler en courant partout à perdre haleine :

– Hahahaaaa ! On m'a volé mes pieds ! Au secouuuuuuuuurs !!!

Cet idiot fait de grands bonds pour essayer de se débarrasser de ses peaux de lapin. Comme il ne voit plus ses pieds, il est sûr qu'ils ont disparu. Ne rigolez pas, c'est pas drôle de voir Godasse perdu et paniqué à ce point. Et en plus, ne rigolez pas, parce qu'il a quand même inventé un truc de dingue, vous allez voir.

Notre Godasse court partout comme un dératé en regardant ses peaux-pieds et termine sa course assommé contre un arbre. On le ramène sur sa couchette (la numéro 25) pour s'occuper de sa nouvelle bosse. Dès qu'il se réveille, il se remet à hurler qu'on lui a volé ses pieds. Il faut une demi-heure pour le calmer et lui faire comprendre que ses pieds n'ont pas disparu mais qu'ils sont recouverts de peaux de lapin collées au miel. On lui conseille de marcher jusqu'à la rivière pour y tremper les pieds et pour que les peaux se décollent et pour que tout aille mieux. Godasse obéit, mais reste très inquiet. Et voilà qu'en chemin notre Godasse change peu à peu d'attitude. Il relève un peu le menton, ralentit le pas, regarde autour de lui avec une petite pointe de fierté. Oui, à chaque pas, c'est un peu plus une vraie révélation pour notre idiot. Godasse se rend compte qu'il n'a pas froid en marchant dans la neige, et qu'il ne sent pas non plus les cailloux sous ses pieds. Une sensation nouvelle et surtout incroyable…

Au lieu d'aller se rincer les pieds pour décoller les peaux, il fait demi-tour et trotte dans la neige comme si de rien n'était. La dernière personne qui avait fait ça avant lui était morte de froid en quarante-cinq secondes. Godasse pousse quelques cris pour attirer l'attention, et quand tout le monde le regarde, il entame une petite danse. Deux-trois jolies arabesques, une dizaine de pas chassés de lapin, il fait même une roulade dans une magnifique gerbe de neige. C'est vrai que ça impressionne pas mal. Le chef, prévenu, arrive très vite et vous devinez la suite : il s'évanouit, tout le monde applaudit. Il se réveille, demande à essayer l'invention de Godasse. On apporte des peaux de lapin et du miel au chef, et hop, le chef est chaussé de lapin. Le chef valide l'invention, trouvant ça très très pratique, et lui donne le nom de godasses. Merci, on l'aurait parié.

Vous pensez bien qu'il n'a pas fallu longtemps à la tribu pour imiter la découverte de Godasse. Tout le monde s'est recouvert les pieds de miel, et a marché sur des peaux de lapin. Pendant cette période très excitante, toute la tribu a fabriqué des godasses au lapin-miel.

Bien sûr, au début, ça marchait du feu de Dieu, cette découverte. Nous portions tous des godasses-lapin-miel, même les autres tribus alentour. Et puis, avec la pratique, des faiblesses sont apparues dans l'invention de Godasse. Le truc, c'est que le miel c'est chouette, mais ça dégouline et ça colle. Il fallait se badigeonner les pieds de miel avant de sortir, ça prenait un temps dingue. Et puis nos réserves commençaient sérieusement à baisser. Il faut bien se rendre compte aussi qu'en quelques pas seulement, nous ramassions malgré nous des tonnes de cochonneries, de la poussière, des feuilles, des branches. En plus, nos pieds et nos chevilles ont été très vite recouverts d'insectes à miel. Certains d'entre nous se faisaient même poursuivre par des ours, quand ils allaient aux toilettes. Et pour finir, quand il pleuvait, il fallait remettre une couche de miel toutes les cinq minutes parce que tout se décollait. Chouette invention, mais pas très très pratique. On a bien failli la mettre aux oubliettes, comme le fromage aux cailloux, la tarte à la bouse ou la combinaison-mouton. La combinaison-mouton, je vous raconterai plus tard parce que c'est assez rigolo.

Bref, à force d'observer les godasses de Godasse, je me suis dit que nous pourrions faire comme avec l'invention de Veste, qui a attaché les manches de Manche aux peaux de bêtes. J'ai donc amélioré un peu le truc. J'ai découpé les peaux de lapin en suivant à peu près la forme des pieds. J'ai fait des petits trous sur le dessus et passé une ficelle à travers pour fermer le tout. C'est Lacet qui m'a aidé à l'enfiler dans les petits trous. Bref, tout à coup nous n'avions plus besoin de miel pour fixer nos godasses, et ça, ça arrangeait bien tout le monde.

CHAPITRE 4

Maintenant, je vais vous raconter l'histoire de la combinaison-mouton. Après la découverte de Manche, qui consistait à entrer une partie du corps dans une peau d'animal pour s'habiller, certains ont essayé autre chose.

Donc, voilà l'histoire de Nimportequoi. Un beau jour, jaloux comme une teigne du succès de ses camarades, Nimportequoi décide d'essayer de donner lui aussi son nom à une invention, il n'y a pas de raison.

Ce jeudi* matin-là, pour faire son intéressant, Nimportequoi choisit d'inventer une nouvelle façon de s'habiller en

**Comme tous les jours se ressemblent, j'ai trouvé la bonne idée de leur donner un nom. Sinon je ne peux pas bien raconter nos aventures. J'ai donc choisi sept jours. Sept jours, c'est le temps que met la lune la nuit pour traverser le ciel de droite à gauche par l'ouverture de notre grotte. Je leur ai donné le nom de sept de nos vénérables anciens : Lundi, Mardi, Tarticolis (mais il est mort, remplacé par Mercredi), Jeudi, Vendrechiolle (elle est morte de froid pendant la chasse, remplacée par Vendredi), Samedi et Dimanche.*

enfilant… la peau d'un mouton ! En voilà une chouette idée. Notre gros malin prend donc une peau de mouton à peu près de sa taille, puis il se met à l'écart des autres pour leur faire une surprise. Moi je l'observais du coin de l'œil. Au bout d'un long moment, et au prix de terribles contorsions, notre Nimportequoi réussit à enfiler sa peau de mouton grâce à une ouverture découpée dans le ventre. Il faut dire que le mouton était un gros mouton et Nimportequoi est un petit gabarit. Voici donc Nimportequoi entièrement recouvert de mouton.

Mais la peau de mouton est faite de telle façon qu'une fois enfilée, on ne peut pas rester debout et on doit se mettre à quatre pattes. Nimportequoi voulait vraiment inventer un truc nouveau, une sorte de combinaison tout-en-un. Mais notre pauvre ami, en plus d'être obligé de marcher à quatre pattes, ne voyait rien du tout. Alors qu'il croyait retrouver ses copains pour leur montrer sa nouvelle invention, il s'est mis à marcher vers la plaine. Tout seul. Ah mais voilà une chouette idée : c'est très très bien de marcher seul dans la plaine, déguisé en mouton, au milieu de 250 000 animaux sauvages affamés. Il faut savoir que pour les animaux sauvages, un mouton c'est un mouton, même s'il marche bizarrement, même s'il fait des bruits bizarres, même s'il a tout simplement l'air bizarre.

Notre Nimportequoi a survécu sept minutes à quatre pattes, avant de se faire dévorer par un tigre à dents de sabre. Vous remarquerez au passage le manque de fair-play des animaux sauvages. Ce n'est pas en mangeant nos ingénieurs (même idiots) que l'humanité va évoluer dans le bon sens. Bref, notre pauvre Nimportequoi, qui voulait inventer un truc ou au moins faire rire les copains, a complètement raté son coup. Pour finir, son invention n'est même pas restée dans les mémoires. Mais nous ne l'avons pas oublié et c'est l'idée de son invention qui est restée. Les inventions inutiles, loufoques, désespérées, idiotes portent désormais son nom.

CHAPITRE 5

Avant tout ça, quand il s'agissait de s'habiller, c'était franchement simple. On faisait avec ce qu'on venait de manger. Un sanglier et hop, une peau pour madame. Un mammouth et hop, une famille nombreuse qui avait chaud au dos. Si nos chasseurs ne rentraient qu'avec deux lapins, deux d'entre nous avaient de beaux bonnets tout neufs (et tous les autres avaient froid à la tête).

Les chasseurs devaient faire bien attention pendant la chasse. Un chasseur maladroit n'était pas très apprécié, parce que les animaux trop transpercés ne faisaient pas de bons habits. Trop de coups de lance pour tuer un tigre à dents de sabre, et le manteau en tigre à dents de sabre était plein de trous. C'est bien pour évacuer les odeurs, mais pas contre le froid.

Ce qui est amusant, c'est qu'assez rapidement, il y a eu des habits pour les hommes et des habits pour les femmes. Les pantalons-mammouth à poils longs ne sont pas hyper-pratiques pour chasser. Le cuir de trompe de mammouth a ses avantages, nous l'avons déjà vu. Mais il ne faut pas oublier que ce cuir est plutôt épais, plutôt lourd et pas très souple. Alors quand il s'agit de détaler pour échapper à un rhinocéros énervé, il vaut mieux porter quelque chose de plus léger. Et ça, c'est Robe, un de nos meilleurs chasseurs, qui l'a inventé : un cou de girafe avec deux trous pour passer les bras, coupé juste à la taille du chasseur. Ça tient chaud, c'est pas trop épais et ça permet de s'enfuir si la chasse tourne mal. Il suffit de lâcher tout ce qu'on a dans les mains, de relever un peu le bas de la robe et de partir en courant. Enfin, nos chasseurs n'étaient plus obligés de chasser nus. Les femmes, elles, n'aimaient pas les robes et leur préféraient les pantalons. C'est drôle ces choses-là. Peut-être qu'un jour ce sera l'inverse, allez savoir.

Voilà, je vous ai raconté toutes ces trouvailles qui ont effectivement engendré de petites révolutions, qui ont transformé notre quotidien. Je vous ai aussi raconté l'histoire de Nimportequoi, mais des ratages, des idées complètement absurdes, des échecs, des catastrophes, il y en a eu plein d'autres.

Il y a eu aussi des histoires un peu bizarres… Par exemple, alors que tout le monde y allait de sa petite idée pour améliorer nos vêtements, deux imbéciles heureux se sont particulièrement illustrés. Ils ont décidé, un beau dimanche, de se mettre à l'écart près de la rivière, pour pondre une nouvelle invention. Je précise « près de la rivière » parce que c'est important.

Voilà donc nos deux idiots qui bricolaient du soir au matin et du matin au soir. Ils se servaient de peaux de bêtes, de beaucoup de peaux de bêtes et de pas mal de morceaux de bois. Du bois pour des habits, non mais j'y crois pas, quelle étrange idée ! En fait, on a su bien plus tard ce qu'ils voulaient faire avec tout ça : ils avaient décidé de se fabriquer des habits-maison. Oui, oui, oui, vous avez bien lu, des HABITS-MAISON, comme les tortues ou les escargots, qu'ils disaient.

À force d'observer des tortues, nos deux zèbres avaient imaginé de faire comme elles : s'habiller avec leur propre maison. Ils s'étaient donc construit des sortes de tipis comme ceux de nos collègues des plaines. Mais pas des vrais tipis, plutôt des tipis portables, qu'on enfilerait comme des habits.

Bref, nos deux dérangés ont bricolé tant et si bien qu'à la fin, contents d'eux, ils ont voulu essayer leur invention. Ils se sont glissés dans des espèces de très longues coquilles, faites de longs bâtons recouverts de peaux de chèvre. Puis, un peu coincés et à l'étroit, mais fiers comme tout, ils ont appelé la tribu au grand complet pour la démonstration des premiers habits-maison de la préhistoire.

À cette époque, à la moindre annonce d'une nouvelle invention, tout le monde accourait en espérant découvrir une nouvelle façon de s'habiller, qui serait sûrement aussi chouette que celles de Manche, Veste, Chemise, Godasse, Slip ou Culotte.

C'est parti, le chef est installé au premier rang. Démonstration. Les habits-maison étaient donc déjà enfilés, mais on s'est aperçus très vite que les deux ingénieurs en chef ne maîtrisaient rien. Dans leurs habits-maison bien trop longs, ils titubaient, incapables de se tenir debout. Ils sautillaient pour essayer de se redresser, mais ils se rapprochaient dangereusement de la rivière. Au bout de quelques secondes, ils sont tombés à l'eau. Tout le monde a applaudi.

Bon, leur invention était nulle mais on a bien rigolé, et chacun s'apprêtait à retourner à ses occupations. Malgré tout, quelques spectateurs se sont approchés de l'eau pour en sortir les deux cocos parce qu'à la préhistoire, personne ne savait nager et ils risquaient d'y passer.

Mais, au grand étonnement des sauveteurs, les deux gars n'avaient pas du tout besoin d'aide. Et même, ils faisaient ce qu'aucun homme n'avait jamais fait jusqu'alors, ils restaient SUR l'eau ! On n'avait tout simplement jamais vu ça. Normalement, tomber dans la rivière, ça tuait direct, un point c'est tout.

Les deux malins, allongés sur le dos dans leurs habits-trucs-machins, flottaient sans problème et en plus sans se mouiller ! Ça devenait carrément génial ! Toute la tribu a fait demi-tour et s'est approchée de l'eau pour constater que les deux copains non seulement n'étaient pas morts, mais qu'en plus ils avaient l'air plutôt contents. Pas très rassurés, mais contents. Le chef s'est évanoui. Puis le chef s'est réveillé. Il fallait tout de suite baptiser cette nouvelle invention. De là où il était, il ne voyait pas bien qui étaient les deux malins attachés sur leurs trucs-machins.

– Ho, les gars, vous êtes qui ? C'est toi, Nimportequoi ? Ah mais non, je suis bête, il est mort. Dites-moi qui vous êtes, rhââ, je vois rien !

– C'est nous, chef ! Canoé et Kayak ! ont répondu les deux compères du fond de leurs trouvailles flottantes.

Voilà donc le nom de notre nouvelle révolution. Ce n'est pas vraiment un habit, mais ça va drôlement nous changer la vie pour aller à la pêche, pour traverser la rivière, pour aller se promener, pour plein de trucs en fait.

CHAPITRE 6

En ce qui concerne nos vêtements, nous étions en train de sortir de la période purement technique. Et puis quand tout s'est mis à bien fonctionner et que quelques malins ont inventé les gants au lapin-miel contre le froid, les bonnets porc-épic pour la tête ou les gants-grenouille pour faire la vaisselle, nous avons pu nous consacrer à la partie artistique. Et là, c'est notre chasseuse de serpents, Lamode, qui a lancé le mouvement.

Un mardi soir, Lamode, chef d'expédition, partit à la chasse comme tous les mardis soir, avec cinq autres chasseurs. Elle était chef d'expédition parce qu'elle n'avait pas son pareil pour repérer, attraper et tuer les serpents. La chasse aux serpents, c'est le mardi parce que depuis toujours, les serpents partent à la chasse aux lapins le lundi. Donc le mardi, ces gros malins de serpents digèrent. Et un serpent qui digère, c'est un serpent facile à attraper, y a qu'à se baisser.

Notre petite équipe s'est donc enfoncée dans la forêt, et s'est mise à l'affût. Ah, voici un serpent, justement, un gros boa constrictor de 5 mètres de long, assoupi sur plusieurs branches.

On aurait dit qu'il séchait sur une corde à linge… En moins de temps qu'il n'en faut pour l'écrire, Lamode a foncé sur la bête, a dégainé sa lance et l'a plantée, PAF ! dans la tête du serpent. L'animal a profité de ce moment-là pour mourir, ça tombait bien. Quelle chasseuse incroyable quand même, celle-là !

En quelques minutes, nos chasseurs ont vidé l'intérieur du serpent dans un grand récipient. Puis ils ont balancé la peau de la bête pour se dépêcher de rapporter ce délicieux repas à la tribu. On n'utilisait que l'intérieur des serpents : le serpent est un plat réputé pour les fêtes et là, on fêtait le premier anniversaire de la découverte du feu, un vrai repas de fête donc. L'intérieur du serpent, ça se cuit avec des pommes, c'est absolument délicieux. Non, je rigole, l'intérieur du serpent se mange sans pommes. Mais c'est très bon avec de l'ail et des anchois.

Bref, sur le chemin du retour, Lamode a senti une petite idée qui lui poussait derrière la tête : balancer la peau du serpent après l'avoir vidée, c'était pas bien malin, finalement. Sans savoir pourquoi, elle a envoyé son équipe livrer le repas à la tribu et est retournée récupérer la peau abandonnée. Et, sur le chemin du retour, elle s'est arrêtée un instant. Reprenant l'idée de Pantalon, elle a passé une jambe dans le serpent, a coupé ce qui dépassait, a recommencé pour l'autre jambe et s'est remise en route.

Et là, sans vraiment s'en rendre compte, Lamode a mis en place une petite révolution, un truc de dingue. C'est devant la grotte que tout a véritablement commencé. Tout le monde était rassemblé pour la fête, et Lamode est arrivée avec une sorte de pantalon en serpent. Elle a éclaboussé tout le monde de sa classe, elle rayonnait. Elle a mis ses mains sur les hanches et s'est avancée en regardant chacun avec ses jolis yeux plissés pleins de mystère. Dans la tribu, ce soir-là, il y avait Lamode et avec elle un truc vraiment spécial, un truc super beau à voir, horriblement tendance, affreusement chic, terriblement osé. Certains pleuraient devant tant de beauté, d'autres applaudissaient.

Ce qui change des autres découvertes, ce n'est pas que celle-ci soit utile ou pas, c'est qu'elle est devenue indispensable par sa beauté. C'est une nouveauté qui n'améliore pas forcément la vie de tous les jours, mais qui rend la vie de tous les jours plus chouette. Ça fait quand même un effet bizarre. L'air vibrait d'un mouvement étrange. Lamode marchait à pas de velours, comme au ralenti. Les gens s'arrêtaient, comme pétrifiés, hypnotisés. Les femmes étaient jalouses, les hommes étaient jaloux. Il n'a pas fallu dix minutes pour que tout le monde ait envie de s'habiller en serpent.

Bref, on commence gentiment à lier l'utile à l'agréable. Mais, comme pour chaque découverte, la mise en pratique n'est pas toujours évidente. Et ce coup-là, il ne s'agit pas de compote de pommes… Pas facile de maîtriser les concepts de classe et de mode. Tout ça ne rentre pas tout à fait du premier coup dans certaines têtes. Après pas mal de tentatives, Lamode a été chargée par notre chef de déterminer ce qui pouvait être à la mode ou pas.

Difficile d'expliquer pourquoi les pantalons en serpent, c'est classe, et pourquoi un pantalon en orties, c'est pas classe. Pourquoi un pantalon en saumon, c'est pas classe non plus.

Et comment expliquer aussi pourquoi des godasses en lapin avec des pantalons-mammouth mi-mollet, une veste en sanglier et un bonnet porc-épic, ça c'est carrément classe, terriblement à la mode.

À force d'observation, Lamode s'est rendu compte qu'un bon critère, de toute façon, pour voir si un truc est à la mode ou pas, c'est l'imitation. Par exemple : l'un de nous sort de la caverne un matin avec un nouvel accessoire, comme un bonnet en peau de fesse de babouin. Si, dans la journée, il y a plus de dix babouins morts dont on a scalpé les fesses, c'est que le bonnet en peau de fesse de babouin est un truc à la mode. La mode, c'est quand tout le monde veut la même chose immédiatement après l'avoir vue sur quelqu'un.

RÉVOLUTION N° 3
LE SPORT

CHAPITRE 1

Nous voilà donc gentiment avancés sur le chemin de l'évolution. C'est pas encore très beau à voir mais ça se précise. Nous étions passés de « genre de singes très très très idiots » à « genre de singes très idiots ».

Nous avons découvert le feu et tous ses bienfaits : cuisson des aliments, conservation des aliments grâce à la fumée, chauffage central de grotte, éloignement des animaux dangereux.

Nous avons découvert ensuite comment nous habiller efficacement : chaudement en hiver et fraîchement en été. Nous étions même capables désormais de nous habiller efficacement en fonction des situations ET à la mode. S'habiller à la mode ne sert à rien, mais ça rend la vie tellement plus chouette ! Et c'est parce que ça ne sert à rien que c'est indispensable, un peu comme la poésie. Ce petit grain de fantaisie nous fait du bien et nous différencie quand même bien des hippopotames.

Voilà donc que nous passions nos journées à nous la couler douce, pénard Bernard, tranquille Bill, cool Raoul, à l'aise Blaise, relax Max.

Évidemment, oui, je sais, vous vous dites que c'est trop beau et que ça ne peut pas continuer comme ça. Mais vous vous trompez. C'est trop beau, oui, mais si, ça peut continuer comme ça. Bon, en fait, c'est un peu vrai que ça ne va pas continuer comme ça, vous allez voir comment ça va devenir encore mieux. Il faut savoir que tout ne va pas toujours forcément en empirant.

Les choses arrivent parfois par de petits problèmes. Notre problème, justement, commençait à ramper parmi nous comme un vieux serpent vicieux. C'était pas vraiment un problème visible, non, au contraire on ne voyait rien du tout avec nos yeux. C'était un problème que nous ressentions tous, mais sans vraiment pouvoir le toucher non plus. Une drôle de sensation qui apparaît dans le ventre et qui, petit à petit, monte dans la gorge. En fait, nous étions en train de découvrir que notre problème, à bien y réfléchir, était que ça faisait un petit moment qu'il ne se passait rien de nouveau. Tout était bien rangé, nous avions le ventre plein, nous étions chouettement habillés, les bêtes mangeuses d'hommes de Cro-Magnon qui avaient peur de nous restaient à bonne distance et devenaient peu à peu végétariennes.

Malgré tout, un beau jour, vers le milieu de la matinée, un petit évènement nous a fait oublier pendant quelques minutes cette drôle de sensation. André-Yvon, un de nos cuisiniers, qui en avait marre d'attendre le retour de la chasse, avait décidé d'élever des crabes. Parce que les crabes, c'est ce qu'il aime le plus au monde, surtout les crabes à la moutarde. Grâce à son élevage, il les a sous la main sans devoir attendre le retour de la chasse. La chasse aux crabes c'est long et dangereux.

Vers le milieu de la matinée, donc, André-Yvon, qui avait oublié de fermer la cage de ses crabes à la moutarde, a semé un vent de panique dans la tribu quand ses 250 protégés ont envahi le campement. On a compté 25 crises de rire et 25 crises de nerfs dont 10 finirent en crises de rire. Et puis, une fois que tous les crabes ont réintégré leur cage, plus rien.

Ah si, j'oubliais ! À un moment, il s'est passé un truc : dans l'après-midi, un oiseau est passé dans le ciel. En fin d'après-midi, François a mangé une pomme, Françoise a jeté un petit caillou, Mireille a mangé un ver de terre. Comme vous pouvez le constater, il se passe parfois des tas de choses drôlement intéressantes chez nous.

Et le petit vent bizarre a refait son petit tour parmi nous. Il n'y avait rien d'autre à faire vraiment et un petit sentiment bizarre s'est mis à traverser notre tribu. Pas un petit sentiment agréable, comme quand Lamode a inventé la mode. Non, un petit sentiment pas très agréable. Un petit sentiment qui fait bâiller, qui fait râler. Certains ont même cherché un prétexte pour commencer une bagarre. Parce que la bagarre, c'est quand même mieux que ne rien faire du tout. Ne rien faire du tout, c'est super pénible.

Voilà, c'est un truc de dingues que nous étions en train d'inventer. Pas vraiment un truc éclatant ou une révolution totale, non, un truc pas marrant du tout. Et ça a vraiment commencé comme ça : autour de notre feu, j'ai entendu une conversation un peu spéciale entre trois de nos concitoyens.

– Bon, les gars, ça fait 200 fois que je compte TOUS les poils de mon pantalon et je sais pas vous, les gars, mais moi, je commence sérieusement à m'ennuyer ferme.

– Pfffffff, l'autre, hé ! Qu'est-ce que tu viens de dire là ? Tu commences à te quoi ? C'est quoi ce nouveau mot tout bizarre ?

– Oh, c'est bon là, je sais pas, ça m'est venu comme ça…

– Oui, en fait, t'as raison, bonne idée. On a qu'à dire ce mot-là quand on sait pas quoi faire et qu'on a tous compté le même truc un nombre dingue de fois.

– Remarque, t'as raison, ça sonne bien ton nouveau mot, là.

– Oui, dans ce cas-là, on n'a qu'à dire : c'est l'ENNUI, c'est un bon mot.

– OK, ouais, il faut demander au chef, mais c'est un bon mot.

Voilà, nous venions d'inventer l'ennui, tout simplement. Enfin on avait trouvé un mot pour parler de ce sentiment bizarre. Et si nous ne voulions pas mourir d'ennui, on avait intérêt à inventer au plus vite un truc qui nous ferait oublier l'ennui.

CHAPITRE 2

Eh bien en fait, heureusement, ça n'a pas tardé. Voici la suite de la conversation :

– Bon, on a inventé le mot « ennui », c'est cool.

– Ouais, mais ça change pas grand-chose, on s'ennuie quand même, hein !

– Moi je m'en fous de votre nouveau mot, en tout cas, ce que je sais, c'est qu'en courant j'arrive avant vous au gros arbre qui est là-bas au bout de la prairie.

– Ah, n'importe quoi ! Gros malade ! Je cours plus vite que toi ! J'y serai avant que tu lèves tes fesses de ton caillou, là.

– Hahahaha ! Mais oui ! Vieux phacochère, quand tu veux !

Et les deux fortiches se lèvent et se mettent à courir comme s'ils avaient le feu au pantalon, pour aller toucher l'arbre là-bas, au bout de la prairie. Ce petit cirque a commencé à intéresser ceux qui n'avaient rien de mieux à faire. Comme tout le monde s'ennuyait (sauf André-Yvon qui avait encore une fois laissé s'échapper ses crabes), voir deux idiots essayer d'arriver le premier à un arbre, c'était assez rigolo.

C'est Athlétisme qui est arrivé le premier à l'arbre et il est revenu en hurlant que c'était lui le plus fort et que hahahaha ! ouais ! il l'avait bien dit, c'était lui qui courait plus vite que tout le monde.

Évidemment, il n'a pas fallu trente secondes pour que Centdimètrehaie sorte de la foule en disant :

– Ho Athlétisme ! Moi je cours plus vite que toi ! Regarde !

Et il s'est mis à courir vers l'arbre au fond de la prairie comme un dingue.

OK, merci, mais le problème, c'est qu'il est arrivé tout seul à son arbre et qu'on ne pouvait pas vraiment savoir s'il courait plus vite qu'Athlétisme.

Tout le monde rigolait sauf Centdimètrehaie qui a demandé à Athlétisme de recourir avec lui pour voir qui courait le plus vite. Athlétisme était d'accord pour recourir et ouais ouais, on allait bien voir qui c'est qui courait vraiment le plus vite. Et il a couru avec Centdimètrehaie. Mais il n'a pas fallu trente secondes pour qu'un autre sorte de la foule et dise :

– Haha ! Centdimètrehaie et Athlétisme ! Moi je cours plus vite que vous deux !

Et voilà, en dix minutes, Athlétisme et Cendimètrehaie ont couru 50 fois avec 50 personnes différentes jusqu'à l'arbre au fond de la prairie pour savoir qui courait le plus vite. Mais Athlétisme et Cendimètrehaie ont perdu 45 fois parce que, au bout de 5 allers-retours, ils étaient épuisés.

Athlétisme s'énervait en disant que oui, il perdait à chaque fois mais que c'était parce qu'il avait déjà couru plein de fois. Les autres lui répondaient qu'il n'avait qu'à pas dire que c'était lui qui courait le plus vite ; bref, ce qui avait bien commencé était en train de tourner au vinaigre. Limite, on préférait l'ennui. Presque.

Mais heureusement est arrivé un chouette changement, une belle nouveauté. Rassurez-vous, cette nouveauté c'était pas la bagarre, comme peut le laisser imaginer ce début de mouvement populaire. Non, c'était autre chose. Et c'est un vieux sage de la tribu qui en a eu l'idée. Il est sorti de la foule qui commençait à s'énerver. Il a dit :

– Hé, les grandes bouches, allez donc vous reposer et demain à la même heure vous courrez tous en même temps vers l'arbre au fond de la prairie, aller-retour, et on verra bien qui arrivera le premier.

Après un long silence, les premiers qui avaient compris les paroles de Sport, notre vieux sage, ont trouvé que c'était une bonne idée, oui, drôlement bien trouvée, parce que c'était un bon moyen pour départager tout le monde. Ceux qui ont compris un peu plus tard les paroles de Sport étaient d'accord aussi. Il fallait parfois une bonne demi-heure pour que tout le monde comprenne la même chose dans notre tribu. Rendez-vous était donc donné pour le lendemain.

CHAPITRE 3

Le lendemain, toute la tribu était au rendez-vous. Le chef s'est installé au premier rang ; on a apporté une couchette pour qu'il s'évanouisse dessus sans se faire mal, si jamais on inventait un truc de dingue.

Les coureurs étaient dix-huit, hommes et femmes, et avaient envie d'en découdre. Certains avaient décidé de venir courir dans leurs plus beaux habits pour être sûrs de bien se faire remarquer. Mais c'est pas vraiment facile de courir à fond la caisse avec un pantalon « longues trompes de mammouth », un tee-shirt à col roulé en peau de boa ou une robe moulante en bison.

Bref, il s'agissait de donner le départ de la course. Et pour ça, il fallait que tout le monde ait la même chance au départ. Pour bien voir tous les concurrents, Sport a tenté d'organiser un peu les choses. Il a fait entrer tous les participants dans la grotte qui nous sert à entreposer les armes. Mais c'était pas une bonne idée : ceux qui étaient au fond ne pouvaient pas partir en même temps que ceux qui étaient devant. Sport a donc fait monter tous les participants dans le gros arbre qui trône en plein milieu de notre campement. Mais impossible de faire descendre tout le monde en même temps.

Ces tentatives pour trouver le départ idéal ont duré des heures. Le découragement a gagné un peu tout le monde et ça n'a plus été si excitant que ça. Tous les spectateurs y allaient de leur petite idée, ça discutait, ça râlait, ça expliquait, ça négociait, ça faisait des grands gestes, ça théorisait, ça s'énervait, ça commentait, ça embrouillait, ça contestait, ça marchandait, mais ça n'avançait pas d'un pas. Finalement, alors que l'abandon guettait, Sport a eu une idée toute bête. Avec un bâton, il a tracé une grande ligne au sol, a installé tous les participants derrière et a annoncé :

– Bon, la jeunesse, écoutez-moi tous : cette fois, je tiens la solution. Je vais vous expliquer. C'est super simple : mettez tous un pied sur la ligne.

Effectivement, l'idée de Sport était un rien chouette, tout le monde avait la même chance au départ. Mais tout s'est un peu compliqué quand Sport a présenté sa théorie sur le moment exact du départ…

– Voilà, parfait. Maintenant je vous explique quand il faut partir : je compte jusqu'à huit et à douze vous partez tous ensemble. Heu… non, vous partez quand je dis « partez ! » Heu… non… ça va pas, je compte jusqu'à dix-sept, je dis « partez », je continue jusqu'à vingt-deux et à vingt-quatre vous partez… Heu… non… Attendez, je sais ! Je compte jusqu'à quarante-cinq et vous partez à quarante-cinq. Heu… non… ça va pas, je ne sais pas compter jusqu'à quarante-cinq. Bon ça m'énerve. Ah ! Je sais ! Je compte jusqu'à dix-huit et à sept vous partez tous en courant comme des dingues, vous touchez l'arbre et vous revenez me taper dans la main en courant comme des dingues. Celui qui arrive en dernier aura la tête tranchée. Nooooooooon, je rigole ! Celui qui ira le plus vite sera déclaré « Celui qui est allé le plus vite ». Oui, je sais, c'est long mais on comprendra facilement comme ça.

Sur les dix-huit participants, dix-sept n'avaient rien compris. Tant pis, Sport a donné son fameux départ et seul celui qui avait compris est parti en courant comme un dingue. Les dix-sept autres sont partis en retard mais ils ont suivi en courant comme des dingues. Quatorze ont abandonné parce que c'était finalement trop loin ou parce qu'il faisait trop chaud, ou parce qu'ils ont bien vu qu'ils ne gagneraient pas et ils ont eu honte, ou parce qu'ils n'avaient pas compris qu'il fallait courir tout le temps, ou parce qu'ils en avaient marre ou parce qu'ils n'aimaient pas courir. Les trois autres ont couru comme des malades, ont touché l'arbre comme des malades, ont couru dans l'autre sens comme des malades et voilà. Le plus rapide est arrivé premier, le deuxième plus rapide est arrivé deuxième et le troisième plus rapide est arrivé deuxième *ex aequo*. Ils ont été bien applaudis, et le chef ne s'est pas évanoui parce que c'était pas vraiment une invention de courir.

Sport a annoncé le podium :

– Premier : celui qui est allé le plus vite un. Deuxième : celui qui est allé le plus vite deux. Troisième : celui qui est allé le plus vite deuxième deux.

On a fait un chouette banquet, on a tous mangé de la girafe, du serpent, des pommes cuites, des champignons. Certains ont mangé des champignons avec de la girafe, mais ils ont vomi.

CHAPITRE 4

Le lendemain, tout le monde parlait de la course, tout le monde se racontait la course. Pareil le deuxième jour. « Celui qui est allé le plus vite un » faisait légèrement le malin devant les autres et se promenait avec un petit air de gros malin. « Celui qui est allé le plus vite deux » saluait « Celui qui est allé le plus vite un » et puis faisait le malin avec les autres.

Mais doucement, ce satané petit air d'ennui est revenu s'installer dans la tribu. Heureusement, Sport, qui avait trouvé bien chouette de s'occuper de la première course, a décidé d'organiser un autre truc où il fallait aller plus vite que les autres. Mais quand on débute, on fait quelquefois des erreurs.

Sport a sonné le rassemblement. Ceux qui avaient bien aimé la première course sont arrivés. Sport a expliqué son idée :

– Bon, on va d'abord travailler sur une façon de donner le départ de la course, parce que c'était pas terrible la première fois. J'ai bien réfléchi et j'ai trouvé la bonne méthode.

Et notre brave Sport s'est emberlificoté dans des explications auxquelles lui-même n'a rien compris :

– Pour le départ, le plus simple, c'est que quand je dis treize, tout le monde commence à se préparer jusqu'à ce que j'aie dit trente-cinq et que j'aie levé le bras. Ça veut dire que personne ne doit partir avant que j'aie dit trente-cinq, quand je commence à baisser le bras. Ensuite, vous attendez encore jusqu'à quarante et juste après, faites bien attention, juste après je compte jusqu'à trois et là… heu… tout le monde part.

Un énorme silence s'est installé. Puis un énorme vacarme. D'affreuses discussions ont commencé entre presque tous les participants. Il y a ceux qui ont abandonné, ceux qui se sont endormis, ceux qui ont cru que c'était un concours de poésie… ceux-là sont restés calmes. Les autres, ceux qui avaient envie de courir, étaient furieux parce qu'il était absolument impossible de comprendre ce que disait Sport. Il a fallu deux jours de discussions pour finalement garder sa dernière phrase : « Je compte jusqu'à trois et là, tout le monde part. »

Oui ça va, hein ! J'entends vos commentaires, je vous entends bien vous moquer ! Bien sûr, ça peut paraître idiot et évident, maintenant que tout le monde fait comme ça. Mais il faut comprendre qu'avant que cette méthode soit appliquée, elle n'existait tout simplement pas. Et que bien sûr, pour nous, c'était pas vraiment évident de compter jusqu'à trois et puis de partir comme ça.

Bon, le problème du départ était résolu. Pendant trois mois, la tribu a organisé cinq mille courses jusqu'à l'arbre au fond de la prairie. On a bien rigolé, et puis ça nous a fait un peu comme quand on ne mangeait que des pommes cuites. On commençait à en avoir marre. Mais cette fois, on avait l'expérience des pommes cuites. Alors on s'est mis à réfléchir à d'autres idées de courses. Centdimètrehaie a eu une idée. Il a dit :

– Hé, les gars, on n'a qu'à courir jusqu'à l'arbre au fond du pré, où il y a les moutons, là-bas. Et quand on a un mouton devant nous, on est obligés de sauter par-dessus.

Idée adoptée à l'unanimité et immédiatement mise en œuvre. Un, deux, trois, le départ était donné. Tout le monde a rigolé. Les coureurs ont couru comme des dingues, et sauté par-dessus les moutons. Ça ajoutait un peu de piment.

Mais très vite les moutons sont devenus fous, et ont refusé de servir de jouets pour les courses et c'est devenu la pagaille. De plus, l'association pour la protection des moutons a commencé à s'énerver un peu. Alors le chef a décidé qu'on ne devait plus jouer avec la nourriture.

Mais notre Centdimètrehaie est têtu, et il a proposé de remplacer les vrais moutons par des moutons en branches. Il a placé ses faux moutons sur le trajet de la course jusqu'à l'arbre au fond de la prairie. Tout le monde devait sauter ses moutons en branches.

Petite invention marrante, le chef a aimé et a donné à l'invention le nom de… Cendimètrehaie. (Bien vu.)

Une invention nouvelle en appelle souvent d'autres. Et un beau jour au départ d'un centdimètrehaie, Sautenlongueur se préparait. Il voulait gagner la course de Centdimètrehaie pour impressionner les filles, il voulait gagner la course pour impressionner les garçons.

Il s'est approché de la ligne de départ, un, deux, trois, c'est parti ! Un mètre avant la ligne de départ, Sautenlongueur s'est pris les pieds dans les lacets de ses chaussures en peau de saumon, et a fait un bond assez prodigieux pour atterrir sur les fesses quelques mètres plus loin.

En course, il était nul. Tout le monde a rigolé. Mais lui, il s'est relevé et il s'est épousseté les épaules en disant :

– C'est exactement ce que je voulais faire.

Bien sûr, personne ne l'a cru mais tout ça lui a donné une idée. Il a demandé à ceux qui se moquaient si quelqu'un pouvait sauter aussi loin que lui. Quelques malins se sont mis derrière la ligne et ont essayé de sauter aussi loin que Sautenlongueur. Cette idée était très bonne et a occupé tout le monde pendant un jour entier.

On a mis pas mal de temps à penser qu'on pouvait prendre de l'élan avant de sauter. Au début, on mettait les pieds sur la ligne et on sautait comme des crapauds, le plus loin possible. Mais comme c'était vraiment trop laid à regarder, on a eu le droit de courir jusqu'à la ligne avant de sauter. Vous allez rigoler, mais on comptait jusqu'à trois avant de sauter, comme pour le départ d'une course. Et puis assez rapidement (un bon moment quand même), on s'est rendu compte que ça ne servait à rien.

Mais un nouveau sport était né, et le chef lui a donné le nom de sautenlongueur. Merci, on s'en serait douté.

CHAPITRE 5

Quand la chasse et les tâches ménagères de tous les jours étaient terminées, on se marrait bien à faire du sport.

Jusque-là, on connaissait trois sports : la course, la course saute-mouton-en-branches et le saut en longueur. Ce qui faisait quand même trois fois plus de sports qu'avant, vu qu'avant on n'en connaissait zéro. Mais vu l'excitation générale et la joie que ça procurait à tout le monde, on s'est dit qu'on pouvait en trouver d'autres, des sports. Et effectivement, on en a trouvé un paquet. Je vous en parle un peu pour que vous en ayez une idée. Mais je ne suis pas sûr qu'ils restent tous et deviennent des sports super connus.

– LE SAUT-EN-LONGUEUR-À-LA-PERCHE : il s'agit de courir avec une longue perche en bois. Sur la ligne il faut planter la perche et s'en servir pour sauter le plus loin possible. À améliorer, peut-être.

– LE JETTE-CROCODILE : un sport assez spectaculaire et plutôt dangereux. Ce n'est pas très compliqué, il suffit d'attraper un crocodile par la queue, le traîner jusqu'à la ligne de départ, lui faire faire plusieurs tours et le jeter le plus loin possible. Mais ce sport risque d'être bientôt interdit. D'abord, l'association pour la protection des crocodiles trouve que c'est dégradant pour les crocodiles. Et puis, souvent, le crocodile mange le sportif avant que celui-ci ait pu lui attraper la queue. Ou bien le crocodile mange le sportif une fois qu'il a atterri. Et un crocodile énervé qui vient de faire un vol plané, ça court hypervite et comme par hasard, ça a hyperfaim.

– LE RUGBY : souvent au coin du feu, à la veillée du soir, on se raconte de vieilles histoires de l'ancien temps. Et souvent revient l'histoire du morceau de viande pour lequel tout le monde s'était battu une fois, et qui était tombé dans le feu. Eh bien, à force de raconter cette histoire, Rugby, un grand costaud, a eu l'idée d'en faire un sport. Ça lui a pris pas mal de temps mais il a fini par trouver. Pour jouer, il faut deux équipes et un gros morceau de viande. On lance la viande entre les deux équipes. Ceux qui la rattrapent doivent la déposer dans leur camp. Les gars du camp d'en face doivent repiquer la viande comme ils peuvent pour aller la poser dans leur propre camp. Le seul moyen de piquer le morceau à un gars de l'équipe d'en face, c'est de faire tomber le gars, qui est alors obligé de lâcher son morceau.

L'équipe qui arrive à poser le morceau de viande dans son camp gagne cinq points. Je ne sais pas ce que va devenir ce sport mais c'est vraiment marrant. Dans les équipes, tout le monde peut jouer : les gros, les petits, les grands maigres, les petits maigres, les grands gros, les moyens gros, les moyens grands et les grands grands.

Bref, un chouette sport de copains parce que ce morceau de viande, personne ne peut aller le poser dans son camp sans l'aide de tous les copains de son équipe. Et puis ce sport se termine toujours par un sacré repas où tout le monde redevient ami et où tout le monde rigole.

– LE RUGBY-MARÉCAGE : même sport que le rugby, mais le terrain est un marécage. C'est plus fatigant à jouer mais encore plus chouette à regarder. Bien que parfois on égare quelques joueurs qu'on ne retrouve que plusieurs jours plus tard.

– LA PÉTANQUE-POUSSIN : ça, c'est un sport de fin d'après-midi et plutôt pour l'été. On se sert des rafraîchissements et on joue sur la place au milieu du camp. Tous les participants se mettent en ligne. L'un d'entre eux lance un petit caillou, un peu loin mais pas trop. Ensuite chacun lance un petit poussin le plus près possible du caillou. Le gagnant est celui ou celle dont le poussin est le plus proche du caillou. Mais les poussins ont rapidement été remplacés par des cailloux de la taille d'un poussin parce que l'association pour la protection des poussins commençait à s'énerver un peu. Et aussi parce que ces idiots de poussins ne restaient pas à l'endroit où ils avaient atterri. Ce sport consiste surtout à discuter pendant des heures entre joueurs pour savoir quel caillou-poussin est plus proche du caillou.

– LE SAUT-EN-PROFONDEUR : ce sport ne se pratique qu'après une bonne pluie. Il s'agit de courir vers une grosse flaque de gadoue et de sauter dedans à pieds joints. Le vainqueur et celui qui s'enfonce le plus (chevilles, genoux, hanches, épaules et parfois cheveux).

– LE SAUT-EN-LARGEUR et le SAUT-EN-ARRIÈRE : pas sûr qu'ils durent très longtemps, ces deux sports. Il suffit de courir en pas chassés ou en marche arrière et puis, à la ligne, de sauter le plus loin possible. C'est pas très beau à voir et ça fait mal au dos.

– LA COURSE-AVEC-COPAIN : c'est une course normale mais il faut en plus porter son meilleur copain à l'aller. Au retour, on échange les places. Chouette sport qui devrait exister pendant longtemps, parce que c'est une bonne idée.

– LE GIFLE-TIGRE : hyperdrôle. Il faut être le premier à aller gifler un tigre à dents de sabre et rentrer au camp à fond la caisse. Comme il y a souvent des accidents idiots de morsures plutôt mortelles, on ne joue qu'une fois par an. Pour information, notre champion a perdu ses deux bras.

– LE PIED-BALLON : il faut un grand terrain et quatre poteaux en bois. On les plante par deux, écartés de trois pas, le long de deux côtés opposés du terrain. Deux équipes de onze joueurs et deux ballons en peau de lapin. Il faut pousser, avec le pied uniquement, le ballon en peau de lapin entre les poteaux de l'équipe adverse. C'est un peu ennuyant à regarder. Ça fait des scores comme 803 à 798, c'est carrément lassant.

J'ai proposé de corser un peu le jeu en ne laissant qu'un seul ballon pour deux équipes mais on m'a répondu que ça allait faire des histoires, des bagarres et des discussions à n'en plus finir. Pas sûr que ça tienne le coup ce sport, je ne crois pas qu'il devienne très populaire…

– LE PIED-BALLON-MARÉCAGE : même sport que le pied-ballon, mais le terrain est un marécage. C'est un peu plus rigolo, les scores sont moins élevés.

– LA COURSE-AU-FROMAGE : ce sport est très complet mais un peu long pour les spectateurs. Le vainqueur est le premier (ou la première) qui réussit à attraper une chèvre, à la traire et à faire du fromage de chèvre. Un match peut durer plusieurs semaines. Pas très très marrant à regarder.

– LA COURSE-DES-AMOUREUX : tous les jeunes de la tribu en âge de se marier se mettent en haut de la colline de l'olivier. On lâche un gros fromage de chèvre dans la pente et les participants doivent essayer d'arriver avant le fromage. Le vainqueur reçoit le fromage en cadeau et doit l'offrir à son amoureux(se).

– LE CRACHE-NOYAU : un sport assez rigolo. Qui est rapidement devenu le CRACHE-QUELQUE-CHOSE. Au début était déclaré vainqueur celui ou celle qui arrivait à cracher le plus loin un noyau (de cerise, d'abricot, de pêche ou de vertagot (je ne sais pas si le vertagot va tenir le coup, c'est un arbre en voie de disparition chez nous, dommage car son fruit, le bloumzec, est super bon). On a rapidement changé le « crache-noyau » en « crache-quelque-chose » pour pouvoir jouer en toutes circonstances et en toute saison (cailloux, pommes de pin, raisins, crottes de lapin, etc. – attention, les crottes de lapin, ça pique un peu dans la bouche).

– LA COURSE-D'ÉLAN : même principe que la course normale mais tous les participants sont assis sur des élans. L'association pour la protection des élans a commencé à râler un peu et puis elle a constaté que les élans avaient l'air de bien se marrer eux aussi, comme les spectateurs.

– LE RODÉOTRUCHE : ce sport se joue à deux. Le gagnant est celui ou celle qui tient le plus longtemps possible sur le dos d'une autruche. Il faut savoir que les autruches détestent avoir un truc sur le dos. Au début, on jouait avec les chevaux mais les parties duraient plusieurs semaines parce que les chevaux, eux, se fichent complètement d'avoir quelqu'un sur le dos.

– LA COURSE-À-LA-PINTADE : ça, on n'y a pas joué longtemps parce qu'on a compris que ça servait à rien et qu'on a eu quelques problèmes.

Au départ d'une course-à-la-pintade, chacun des participants devait porter deux grosses pintades de 15 kilos, une sous chaque bras. Au milieu de la course, on sonnait une trompe. À ce moment précis et uniquement à ce moment, les participants avaient le droit de lâcher leurs pintades pour aller bien plus vite. Bon, OK, on s'est finalement dit que démarrer la course sans pintades ça irait tout aussi bien. Et puis les pintades devenaient complètement folles et l'association pour la protection des pintades commençait à s'énerver un peu. Bref, la course-à-la-pintade est devenue une course normale.

– LA COURSE ARTISTIQUE : ce sport est un peu à part, c'est un sport uniquement artistique. Est déclaré vainqueur celui ou celle qui court avec le plus de classe. Les concurrents doivent faire les gestes de la course mais obligatoirement au ralenti pour que les arbitres puissent bien voir. Tout le monde fait des grandes enjambées un peu forcées, c'est très maniéré, il faut beaucoup jouer la comédie, faire semblant de souffrir, tous les gestes sont très exagérés. On rigole bien, ça permet à tout le monde de jouer et de gagner, pas besoin de s'entraîner jour et nuit ni de faire 120 kilos de muscles.

– LE WIIK-WIIK-WAAK-WAAK : est un des jeux trop marrants et super simples, inventé par notre cher Sport. En deux secondes, tout le monde peut jouer et c'est la garantie de plusieurs heures de rigolade. Je vous explique vite fait en simplifiant un peu quand même sinon vous n'allez rien comprendre.

Ce sport se joue en 17 manches de 21 minutes (sauf les manches 8, 13, 15 et 16 qui se jouent en 22 minutes). Il faut 5 équipes de 8 joueurs. Les trois premières équipes ont droit à 3 remplaçants, la suivante a droit à 5 remplaçants et la dernière n'a pas de remplaçants sauf si la première équipe n'en a pris que deux. Il faut trois ballons en peau de lapin pour les équipes paires et deux ballons-lapins pour les autres équipes sauf pour la troisième qui en a quatre si la dernière équipe n'a qu'un remplaçant. Le terrain doit être en herbe, en sable et en terre sauf s'il a plu durant les trois derniers jours : alors la partie se joue obligatoirement dans la boue ou dans un marécage.

Toutes les équipes jouent en même temps. Pour marquer des points, c'est très simple : dans chaque équipe, on lance au moins deux ballons-lapins en l'air en criant « WIIK-WIIK ». Si le membre de l'équipe qui lance un de ses ballons-lapins rattrape son ballon, il doit crier : « Je possède le WIIK-WIIK et je tente la diagonale du fou. » Il a alors le droit de tenter une diagonale, c'est-à-dire qu'il doit envoyer son ballon en diagonale à plus de 17,80 mètres de la ligne opposée à l'hypoténuse du grand côté des terrains. (Sauf s'il y a un terrain en boue ou en marécage à cause de la pluie, là et seulement là, le tir doit faire plus de 19,40 mètres). Par contre, si un membre d'une autre équipe arrive à attraper en premier le ballon, il doit crier : « J'annule le WIIK-WIIK et je place une attaque en double WAAK-WAAK latéral. » Son équipe a alors le droit de tenter un double WAAK-WAAK latéral. Pour le double WAAK-WAAK latéral, il faut lancer son ballon-lapin dans le camp de l'équipe qui n'a pas dit WIIK-WIIK ni tenté le WAAK-WAAK en contre. Le double WAAK-WAAK latéral en contre vaut 13,5 points, le demi-WAAK-WAAK latéral en contre retourné vaut 5,78 points, le quart de WAAK-WAAK latéral vaut 2,73 points et le WAAK-WAAK latéral raté vaut 1 point pour la beauté du geste.

Celui qui réussit au moins un WAAK-WAAK latéral complet doit tirer une carte chance et faire une roulade carpée et demie pour 19 points.

Ensuite tout le monde doit s'arrêter pour boire un café. Mais on n'a pas le droit de parler pendant la pause pour ne pas tricher. Alors c'est un café en silence.

Et la partie reprend par la tentative d'une équipe de faire un double WAAK-WAAK latéral. Les autres équipes peuvent soit continuer à jouer normalement, soit envoyer trois joueurs en contre (deux joueurs seulement si la première équipe n'a que trois remplaçants). Ces joueurs ont le droit de lancer leur ballon-lapin contre le joueur qui tente le double WAAK-WAAK latéral. S'ils arrivent à lancer leur ballon-lapin sur la tête du joueur qui tente le double WAAK-WAAK latéral, ce dernier ne vaut plus que 7,58 points. Et ces mêmes joueurs en opposition ont le droit de récupérer leur ballon-lapin et de le passer pour un WIIK-WAAK vers la gauche (en criant « WIIK-WAAK vers la gauche pour tentative ! ») à un membre de leur équipe qui n'aura pas encore touché le ballon de la partie, et seulement si celui-ci est placé à gauche et derrière le dernier défenseur de l'équipe qui joue en simple WIIK-WIIK. Mais cette équipe doit être dans la dernière moitié du terrain opposé et à moins de 12,30 mètres de l'attaquant qui passe défenseur en protégeant celui qui tente son double WAAK-WAAK (latéral ou pas, tout dépend de ce que dit la dernière carte chance tirée par l'équipe qui se trouve à sa droite). Si les 12,30 mètres ne sont pas respectés, toute l'équipe en opposition doit tirer une carte chance et faire trois tours de terrain à cloche-pied.

Le WIIK-WAAK est un coup de pied arrêté qui doit toucher au moins trois défenseurs d'une équipe qui n'aura pas encore réussi plus de trois WAAK-WAAK latéraux en contre et qui n'aura pas tiré plus de trois cartes chance bleues (les cartes chance jaunes, vertes, violettes, jaune d'or, rose thyrien, mauves, beiges, noir clair et blanc foncé ne comptent pas).

Pendant ce temps, le jeu continue, et toutes les autres équipes tentent des WIIK-WIIK. Si au bout d'une journée et d'une nuit, le score ne dépasse pas 8 000, il faut passer en niveau force du prisme. Ce sont les mêmes règles mais le terrain est légèrement plus grand.

Bon, voilà pour les grandes lignes. En réalité, c'est un peu plus compliqué que ça, mais je ne voudrais pas vous embrouiller. Le mieux, de toute façon, c'est de jouer pour vraiment comprendre. Je suis sûr que ce supersport va traverser l'histoire.

CHAPITRE 6

Pour jouer au WIIK-WIIK-WAAK-WAAK et à certains autres sports que nous venions d'inventer, il fallait calculer les distances. Et ça c'était plutôt nouveau, on n'avait jamais vraiment eu besoin de calculer des distances avant. Encore une fois, la mise au point a pris pas mal de temps. Je vous passe les détails mais voilà à quoi nous sommes arrivés : nous avons choisi l'un de nous au hasard, pas trop grand, pas trop petit (il s'appelle Gobie), et nous avons décidé que toutes les distances de nos sports seraient calculées en Gobie. Gobie s'allonge par terre et nous comptons combien de fois Gobie peut s'allonger dans la distance à calculer.

Au début, les conversations à l'apéro, ça donnait à peu près ceci :

– Ma parole ! J'ai fait 12 gobies au saut-en-longueur !

– Oh, la la, le coup de pied de malade qu'il a, lui ! Il vient de taper à 120 gobies !

– Héhéhéhé ! Hier au jette-crocodile, j'ai fait 18 gobies, yeah !

C'était donc une bien bonne idée, bien pratique. Jusqu'au jour où Gobie a perdu au gifle-tigre. Il a définitivement perdu parce qu'il s'est fait manger par le tigre qu'il venait de gifler. Nous l'avons donc remplacé par Mètre, qui mesure à peu près la même taille.

Pour calculer les distances, nous étions au point. Restait le problème du calcul du temps qui passe pour pouvoir déterminer un gagnant.

Au début, on a confié ce problème à Sport. Mais il a mis une journée à nous expliquer sa solution. Ça n'a duré qu'une journée, parce qu'il s'est endormi. On a donc abandonné son idée.

Et puis, c'est Chronomètre, un de nos jeunes cuisiniers, qui a trouvé la solution. Il dit que, pour faire cuire un œuf à la coque, il faut compter jusqu'à 180 en disant le mot « hippopotame » entre deux nombres. 1 hippopotame, 2 hippopotames, 3 hippopotames, 4 hippopotames, 5 hippopotames, etc.

Alors faute d'une meilleure idée, on a décidé d'utiliser sa technique qui nous paraissait pas mal. Chronomètre est devenu le compteur de temps officiel. Il est présent sur toutes les manifestations sportives. Son rôle est donc de compter tout fort dès le départ des courses jusqu'à l'arrivée du dernier concurrent. Ça permet aussi de voir si certains améliorent leur temps, et on peut comparer les temps de deux athlètes, même s'ils n'ont pas couru ensemble. Drôlement chouette comme idée…

Au début quand même, il y a eu quelques petits problèmes. Quand Chronomètre voyait qu'un de ses copains était en train de faire une course, il comptait très lentement, et quand c'était pas un copain à lui, il comptait très vite. Alors il a fallu lui mettre un sac en peau de sanglier sur la tête pour l'empêcher de voir qui courait. Mais malgré le sac, certains concurrents se plaignaient que Chronomètre ne comptait pas vraiment tout le temps à la même vitesse. On a donc nommé un assistant à Chronomètre. Maintenant, ils sont donc deux à compter ensemble à haute voix.

Voilà comment à chaque manifestation sportive, nous avons Sport qui donne son fameux départ « 1, 2, 3, partez », et immédiatement après, Chronomètre et son assistant qui se mettent à compter « 1 hippopotame, 2 hippopotames, 3 hippopotames… ».

Ça fait beaucoup de bruit et des courses assez marrantes. La foule des supporters fait un vacarme du tonnerre. Pour bien entendre le départ et le chronomètre, on a placé Sport, Chronomètre et son assistant avec leur sac sur la tête sur une sorte de chaise haute. Sport appuie sur la main droite de Chronomètre et de son assistant pour qu'ils commencent à compter et sur leur main gauche pour qu'ils arrêtent. Bref, le sport est un vrai succès et ceux qui ne viennent pas pour le sport lui-même viennent au moins pour le spectacle.

Le spectacle, c'est ce qui manquait à notre bien-être.

Voilà, on commence à sérieusement s'amuser dans notre tribu. On mange bien, on s'habille efficace et chic et surtout plus personne ne s'ennuie. Il reste quelques découvertes à faire, des trucs à améliorer mais globalement on rigole bien. Rigoler, c'est ce qu'on préfère.

Bon, à vrai dire, il ne reste plus de place sur le mur de ma grotte pour continuer à vous parler de notre vie de tous les jours à l'époque des Cro-Magnon. J'aurais bien continué un peu parce que je ne vous ai pas encore tout raconté mais je dois vous laisser, il faut que j'aille m'habiller pour assister à la finale de WIIK-WIIK avant le banquet, j'espère qu'il y aura des pommes cuites.

BONUS
ANIMAUX SAUVAGES, MANUEL DE SURVIE

Les animaux sauvages du paléolithique sont une bonne et une mauvaise chose. La bonne chose c'est qu'ils se mangent, la mauvaise chose c'est qu'ils sont horriblement dangereux. Voici un manuel complet et détaillé pour apprendre à vivre avec et grâce à eux. Il a fallu de lourds sacrifices et de longues années d'expérience pour tout retranscrire ici. Ce sont donc les règles de base pour survivre à notre époque, à respecter absolument à la lettre. Lisez les chapitres et mettez-les en pratique immédiatement. En effet si vous devez mourir au premier chapitre, pas la peine de se fatiguer à lire les chapitres suivants.

TABLE DES MATIÈRES

Vous trouverez une traduction complète de ce manuel en Cro-Magnon à la fin de cet ouvrage.

CHAPITRE 1
LA BONNE ATTITUDE À ADOPTER EN CAS D'ATTAQUE

Je me permets d'insister sur la nécessité d'apprendre par cœur les recommandations ci-dessous. Les attitudes à tenir sont détaillées au maximum. Un travail a été réalisé sur chaque animal, chacun étant différent et demandant une attention toute particulière. Il est donc très important d'apprendre aussi à bien reconnaître les différentes espèces.

Ce guide a été validé par les meilleurs experts de notre tribu après de nombreux tests, pendant lesquels plusieurs de nos meilleurs ingénieurs ont perdu la vie.

– **Tigre à dents de sabre :**
Courir
– **Mammouth :**
Courir
– **Condor des alpages :**
Courir
– **Caribou :**
Courir
– **Crocodile :**
Courir

– Boa constrictor :
Courir
– Lion :
Courir
– Requin :
Nager
– Hippopotame :
Courir
– Rhinocéros :
Courir
– Autruche :
Courir
– Poussin :
Ne rien faire.

Bravo, si vous lisez ces lignes c'est que vous vous êtes sortis du premier chapitre (« La bonne attitude à adopter en cas d'attaque »). Vous allez pouvoir passer au chapitre suivant. Et cette fois-ci, c'est VOUS qui allez attaquer les animaux sauvages, il n'y a pas de raison que ce soit toujours les mêmes. Vous allez tout simplement à la chasse, en fait.

CHAPITRE 2
TECHNIQUES DE CHASSE

Comme pour le chapitre précédent (voir « La bonne attitude à adopter en cas d'attaque »), il s'agit de bien maîtriser les conseils ci-dessous. Au besoin, apprenez-les par cœur. Et rappelez-vous que l'expérience et la réflexion sont les meilleurs amis du chasseur. Pas de précipitation.

Prenez un peu de recul avant de décider grâce à ce manuel quelle doit être la meilleure attaque possible.

Vérifiez bien vos armes avant de partir.

– **Tigre à dents de sabre :**
Surprendre l'animal par-derrière.
– **Mammouth :**
Surprendre l'animal par-derrière.
– **Condor des alpages :**
Surprendre l'animal par-derrière.
– **Caribou :**
Surprendre l'animal par-derrière.
– **Crocodile :**
Surprendre l'animal par-derrière.
– **Boa constrictor :**
Surprendre l'animal par-derrière.

– **Lion :**
Surprendre l'animal par-derrière.
– **Requin :**
Surprendre l'animal par-derrière.
– **Hippopotame :**
Surprendre l'animal par-derrière.
– **Rhinocéros :**
Surprendre l'animal par-derrière.
– **Autruche :**
Surprendre l'animal par-derrière.
– **Poussin :**
Attendre qu'il devienne une poule et surprendre l'animal par-derrière.

CHAPITRE 3
RECETTES

Si vous lisez ces lignes, c'est que les deux premiers chapitres se sont bien passés. Félicitations.

Nous pouvons maintenant passer à la partie la plus réjouissante de ce manuel : apprendre à cuisiner les bêtes sauvages.

Liste du matériel indispensable :
Le feu

Recettes :
– Tigre à dents de sabre :
Cuire et manger.
– Mammouth :
Cuire et manger.
– Condor des alpages :
Cuire et manger.
– Caribou :
Cuire et manger.
– Crocodile :
Cuire et manger.
– Boa constrictor :
Cuire et manger.
– Lion :
Cuire et manger.

– Requin :
Cuire et manger.
– Hippopotame :
Cuire et manger.
– Rhinocéros :
Cuire avec des pommes et manger.
– Autruche :
Cuire et manger.
– Poussin :
Attendre qu'il devienne une poule, passer par le chapitre 2 de ce manuel, puis cuire et manger.

CHAPITRE 4
FAIRE LES COURSES

Attention, cette partie comporte malgré tout quelques dangers. Faites attention à ce que vous mangez. Rien de pire que de sauter sur un aliment que vous ne connaissez pas. Voici quelques conseils qui peuvent vous permettre de rester en vie en évitant des pièges et des erreurs de débutant.

– Aliment encore jamais vu ou inconnu :
Ne pas toucher

– Aliment déjà vu ou connu :
Toucher

Voilà, nous espérons que ce manuel extrêmement complet a répondu à toutes vos questions. Si les réponses et les conseils vous paraissent trop compliqués, relisez-les calmement. Si vous ne comprenez absolument rien, c'est que vous ne savez pas lire. C'est embêtant, mais ça n'est pas très grave, alors, laissez tomber ce manuel et bonne chance contre les animaux sauvages.

TRADUCTION
FRANÇAIS/CRO-MAGNON

GUAR GUAR 1
WATCHE GOUNDA

Huuuummm, Hummmmm wogowoga
Pico pico pico Graougraou Houmpa gauche, Houpa droite !
Cot-cot pas grave.

GUAR GUAR 2
KASSKASS BOUMBOUM

Pifa Paf boum boum, hahaha !
Racou racou Grouuhouuu
Cot-cot rien faire.

GUAR GUAR 3
MIAM-MIAM KOMPLET

Ha racou boum GRRRR !
Rhino pommes.
Cot-cot attendre.
Rhûûûûûûû Gröuuuuuuufff…

GUAR GUAR 4
BRIKA-BRIKA RHÔ

Pifa Paf boum boum, hahaha !
Racou racou Grouuhouuu.
Gröuououou vomir.

BIOGRAPHIE
RÉMI CHAURAND

Rémi Chaurand est né au paléolithique inférieur dans la banlieue de Lutèce. Il sait faire du vélo à deux roues dès l'âge de 12 ans. Il sera pendant de très nombreuses années président-directeur général de la société Barbecue et frères©. Il est 3 fois champion du monde de Wiik-Wiik Waak-Waak et 2 fois finaliste à Roland Garros. C'est lui qui invente les cailloux, les arbres et pas mal de pays.

Un jour où le feu qu'il surveillait s'est éteint, c'est lui qui a inventé le steak tartare. Avec son copain Fasolassido ils inventent aussi la musique et surtout le jazz alors qu'ils n'ont que 12 ans et demi.

Rémi Chaurand a 2 enfants, 2 chats et une femme, tous formidables. Aujourd'hui, il a un chouette ordinateur, alors plus besoin d'écrire sur les murs. Il est vieux, très vieux : il a presque 44 ans.

Imprimé en Espagne par Rodesa
Dépôt légal : 4e trimestre 2014